STUDING FOR YOURSELF

为你自己读书 Ⅱ

一本好书**改变你的人生**

肖 卫 ○著

青少年励志
权威版
必读书

中国华侨出版社

图书在版编目（CIP）数据

为你自己读书2/肖卫著.—北京：中国华侨出版社，2013.10
ISBN 978-7-5113-4118-1

Ⅰ.①为… Ⅱ.①肖… Ⅲ.①读书方法－青年读物②读书方法－少年读物 Ⅳ.①G792-49

中国版本图书馆CIP数据核字(2013)第234263号

● 为你自己读书2

著　　者/肖　卫
责任编辑/付改兰
责任校对/志　刚
经　　销/新华书店
开　　本/787毫米×1092毫米　16开　印张/16　字数/265千字
印　　刷/三河市祥达印刷包装有限公司
版　　次/2013年12月第1版　2015年6月第3次印刷
书　　号/ISBN 978-7-5113-4118-1
定　　价/26.80元

中国华侨出版社 北京市朝阳区静安里26号通成达大厦3层 邮编：100028
法律顾问：陈鹰律师事务所
编辑部：(010) 64443056　　传真：(010) 64439708
发行部：(010) 64443051
网　　址：www.oveaschin.com
E-mail：oveaschin@sina.com

作者自序

六年前，末学出版了《为你自己读书》一书，希望和青少年朋友谈谈读书的问题。出版以后，没想到受到许多读者的欢迎，印行了十几万册，完全出乎本人的意料。六年以后，再看原来的书，深感惶恐，因为当时自己的学识浅薄，许多道理并没有讲得非常明白，虽然对读者朋友或许有一些帮助，但是，今天回头来看，还是有很多的不足。而末学也是在这六年之中，因为有机缘接触并且学习到了我们中华民族优秀的传统文化，对读书可以说有了更加深刻的认识，更深深地感到，一个真正的读书人，要有的责任和担当，因此，才又有了这本《为你自己读书Ⅱ》的诞生。

《论语》里说："古之学者为己，今之学者为人。"意思是说，古人读书为的是提高自己的道德修养，而今人读书则是为了出人头地、受到他人的赞叹。在中国古代，读书人最受社会重视，被称为"士人"，夫子说："士不可以不弘毅，任重而道远。仁以为己任，不亦重乎？死而后已，不亦远乎？"说的是一个读书人，应该有弘大的志向和坚毅的精神。在中国古代，读书人往往有着远大的志向和抱负，那就是宋朝人张载说的："为天地立心、为生民立命、为往圣继绝学、为万世开太平。"这个责任非常的重大，而且实现这个目标，往往要付出一生的努力。

今天，我们到校园里去问，可能会有不少同学对这几句话感到陌生，更不用说还有多少人在抱着这样的志向读书了。正因为如此，末学深感有必要让大家明白，在中国传统文化里面，一个真正的读书人是什么样的。我们读书，不仅是为了一纸文凭和将来的就业。更重要的是，我们要通过读书，明白人生的价值和意义所在，建立自己的人格、完善自己的道德、增强自己的学问，做一个真正意义上的"读书人"。

因此，我们特别以此为题，希望藉此机会，将中国优秀传统文化的精神和内涵传递给广大的青少年朋友，让我们从修养自己的道德开始，进而完善自我，做一个懂孝悌、明道义、知廉耻的读书人，以致最终成为一个对社会、对民族、对国家、对人类有价值的人。书中不妥之处，请广大读者朋友批评指正。

目 录 CONTENTS

第一章　你为何读书？

再谈"为你自己读书" / 2

"为天地立心，为生民立命，
为往圣继绝学，为万世开太平" / 5

读书志在圣贤 / 7

人无伦外之人，学无伦外之学 / 11

读书求学不能次序颠倒 / 14

读书不只光学知识，更要"笃行" / 15

"管宁割席"的启示 / 19

好学的颜回 / 22

良相与良医：范仲淹的故事 / 23

明朝大儒刘理顺的故事 / 28

经典链接：《沧州精舍谕学者》学习心得 / 30

激励一生的立志名言 / 37

第二章　孝道是激发读书的原动力

读遍天下书，无非一孝字 / 40

古代帝王孝敬父母的故事 / 43

久病床前有孝子 / 45

孝敬父母是第一大事 / 46

父母对子女的十种恩德 / 49

不善莫大于不孝 / 53

为人子该如何行孝 / 56

听父母话的孩子有福 / 63

经典链接：《小男孩和苹果树》/ 69

《如果有一天》/ 71

经典链接：《文昌帝君元旦劝孝文》/ 73

铭记一生的孝道格言 / 77

第三章　尊师才能学有所成

一日为师，终生为父 / 80

尊师重道的汉明帝 / 81

古代读书人是如何尊师的？/ 84

无论学什么都要尊师 / 88

在生活中如何落实尊师 / 93

经典链接：韩愈《师说》/ 95

铭记一生的尊师格言 / 99

第四章　做一个友悌的读书人

兄弟之间要诚心友爱 / 102

兄弟争死，感天动地 / 104

去除私心，落实悌道 / 106

兄弟之间要注意言语 / 110

在生活中落实悌道 / 111

经典链接：法昭禅师的《兄弟偈》/ 115

感动一生的孝悌格言 / 119

第五章　学会惜福

珍惜自己的福报 / 122

古人对幸福的定义 / 123

做人一定要惜福 / 125

惜福重在知足与勤俭 / 128

没有任何东西是理所当然的 / 130

福不可享尽 / 134

有十分福气，也只要享受三分 / 135

弘一大师说惜福 / 136

福不可享尽，福尽悲来 / 139

经典链接：曾国藩《诫子书》/ 143

铭记一生的惜福格言 / 146

第六章　勤奋的人才能登上人生之巅

读书一定要勤奋 / 150

人一能之己百之，人十能之己千之 / 151

天道酬勤，勤能补拙 / 155

只要功夫深，铁杵磨成针 / 159

勤奋要从珍惜时间开始 / 161

经典链接：《送东阳马生序》学习心得 / 164

激励一生的读书格言 / 168

第七章　改过是人生的必修课

读书有成就，首先要改过 / 172

改过迁善，心想事成 / 176

读书人要闻过则喜、勇于改过 / 180

弘一大师《改过实验谈》/ 184

激励一生的改过格言 / 190

第八章　恒心是读书成就的试金石

没有恒心，一定学无所成 / 194

持之以恒才能成就大业 / 196

读书人要有志、有识、有恒 / 202

不积跬步，无以至千里 / 205

天道忌贰，一门深入方能成就 / 209

经典链接：梁启超《论毅力》/ 213

激励一生的恒心格言 / 216

第九章　诚敬是千古为学之本

诚敬是开启学习之门的钥匙 / 220
真诚恭敬，方能得道 / 222
对老师一定要有恭敬之心 / 225
恭敬经典、书籍，受益无穷 / 229
养成敬惜字纸的习惯 / 231
经典链接：劝读《敬惜字纸文》/ 234
改变一生的诚敬格言 / 239

附录：推荐青少年朋友看的书籍和电视剧 / 242

第一章
你为何读书?

再谈"为你自己读书"

尊敬的诸位老师、诸位同学,大家好。今天我们大家来谈谈"读书"这个话题。

六年前,末学曾经出版过一部书,叫作《为你自己读书》。

古人讲,活到老,学到老。在我们每一个人的人生路上,都有一个学习的过程,随着自己对学习的深悟,对读书又会有更深的体会。因此,我们在这里再和大家分享近年来学习的体会,请大家指教。

"为你自己读书",谈到这个题目时,可能我们很多学生就会想到,我读书是为了自己考个好学校,将来找个好的工作;尤其是对中学生来讲,读书的目的就是为了考一个好大学。考好大学的目的是什么?是找个好工作。以后有一个体面的工作,有一个好的收入,过上更好的生活,希望能够改变自己人生的命运。这是我们很多人读书的目的。当然,这个目的也不能够算错,很多人都是这个观点,我们从小也是受到父母这样的教诲。但是,在古代读书人不是如此。古代读书人不是为了自己升官发财而读书,他们有更大的志向。

在《朱子治家格言》里面就讲道:"读书志在圣贤!"古人读书是要做什么?是要做圣贤。圣贤,是道德、学问圆满的人,对宇宙、人生真相完全明了的人。像历史上尧、舜、禹、汤、文武周公、孔子、孟子、老子、庄子,这些人才是圣人。古人读书的目的就是要成圣成贤。但是我们现在去问问这些青少年，包括我们自己，我们读书是为了求什么？往往是为求自己的功名利禄。这和古人读书不同。

我们讲到"为你自己读书"，就特别容易让人想到要如何教好孩子，我们自己要如何为以后的前途而努力读书，要如何为了以后考好学校、能够做官，如何能够事业有成而读书。这是我们普遍的一种看法。但是古人讲"为你自己读书"不是这个意思，我们常常把意思给曲解了。

> **延伸阅读：**
>
> 《朱子治家格言》作者朱柏庐（1617—1688），原名朱用纯，字致一，自号柏庐，江苏昆山人，生于明万历四十五年。明末清初之时，先生居乡教授学生并潜心程朱理学。他主张知行并进，当时颇负盛名。康熙曾多次征召，都被先生所拒绝。
>
> 《朱子治家格言》通篇皆在劝勉世人要勤俭持家、安分守己。作者将中国几千年形成的道德教育思想，以名言警句的形式表现出来，很为官宦、士绅和书香门第所乐道。自问世以来，流传甚广，被历代的士大夫尊为"治家之经"。清朝至民国年间，此书一度成为童蒙必读课本之一。

在《论语·宪问》里面孔老夫子讲过这样的话："古之学者为己，今之学者为人。"古人读书的目的是为了修养自己的道德学问，为了改正自己的习气毛病，为了提升自己的个人修养。"今之学者为人"，夫子那个时候已经看到了当时读书人的误区，读书的方向错了，是为了彰显自己的才华给别人看。这其实也是我们现代人读书的弊病，你看，我们读书，很多人都希望自己能读到硕士，读到博士。我们为什么要读大学、读研究生呢？就是希望能体现自己有学历，我有高学历，我有知识，我有才华，我博学；最重要的是希望有了学问之后，将来找一个好的工作，能够有一个体面的工作，能够升官，能够做教授，能够到企业去做高管。这些都是为了满足自己的功名利禄之心，满足自己的虚荣心，并不是说他要提升自己的个人修养。

曾经有人举了个例子。你看大学生的学历、知识水平很高，但是现在的大学生和小学生相比,他们的道德修养哪个更好?我们到大学看学生的纪律,再到小学去看学生的纪律,大家就会知道,到底是大学生的道德修养高还是小学生的道德修养高。

所以,从这里我们就会明白,我们常常把学习的方向搞反了。如果这个方向要是错了,那你学得再多也未必有成就。你看现在,有些博士毕业了,并没有找到好的工作,甚至还有跳楼自杀的。他们有高学历,但是他们的心理素质、道德素质未必高。有些高学历的人到国外留学去了,忘记父母老师的养育之恩、祖国的培养之恩,甚至对自己的父母有很多不符合伦理道德、不孝的举动。

曾经就有这样一个学生,在英国留学,找了一个英国的媳妇,然后他就在英国成家了。他的父母含辛茹苦把他送到国外留学,他把父亲接到英国去住,结果父亲住了不到一个月,到了第二个月的时候,这个儿子就跟父亲讲,你来我们家20多天了,这20多天的生活费我就给你出了,下个月起你也要交生活费。父母把他含辛茹苦给养大,结果在他那里住了20多天他说你要交生活费!这个父亲听了特别难受,我养你长大,结果我来看你,来你们家吃饭还要我掏钱。

为什么会这样?因为他在西方受到西方价值观的影响,他觉得很正常,人跟人是平等的,父母子女也是如此,所以在西方子女很少赡养父母的。

而你看我们中国古人的教育,不是说只是让我们有知识、有技能,最重要的是培养我们的道德素质,提高我们的德行,提高我们的修养。学问之道的根本是建立在德行的基础之上的。我们大家读历史,能够看到古代有很多大臣,他们很多都是考中进士、举人的人，他们有一个共同特点——几乎都是孝子。这些人是真正有道德学问的人。他们读书，不是说自己要考取进士，考取功名；他们考取功名不是为了自己升官发财，让自己能够有一个铁饭碗，可以不用种地干活了，不是这个原因。他们为什么要去考科举？中国古代读书人有一种志向，要"为天地立心，为生民立命，为往圣继绝学，为万世开太平"。他们读书不是为了自己升官发财，是为了天下苍生，是为了提高自己的道德修养；不仅要提高自己的道德修养，而且还希望能够影响他人，教化他人，教化社会大众。

"为天地立心，为生民立命，为往圣继绝学，为万世开太平"

"为天地立心，为生民立命，为往圣继绝学，为万世开太平"，这是宋朝著名理学家张载讲的。张载在21岁的时候曾经给当时的大臣、也是宰相的范仲淹上书，陈述自己保家卫国的思想。当时范仲淹在西部抵抗外敌，他看这个年轻人思维敏捷，志向不凡，就亲自接见了他，觉得这个年轻人一定能成大器。当时张载想要从军，跟着范仲淹抵抗外敌。范仲淹就感叹，他说你不如回家去读书，建议他回家去读《中庸》，说儒学经典里面有大学问，你如果

> **延伸阅读：**
>
> 《中庸》原本是《小戴礼记》中的一篇。作者是孔子的后裔子嗣——子思，后经秦代学者修改整理。《中庸》是被宋代学人提到突出地位上来的，南宋朱熹又作《中庸章句》，并把《中庸》和《大学》《论语》《孟子》并列称为四书。
>
> 后来，"中庸"成为儒家的道德标准，指待人接物不偏不倚，调和折中。

下功夫读书将来一定能够成大器。当年张载只有21岁，他听从范仲淹的教诲就回家读书去了，学习非常刻苦用功。在他38岁那年，他与苏轼、苏辙一起考中了进士，之后做了官，为官非常清廉。正是他这样一个读书人，有这样的志向，有这样的道德修养，才能说出这样的千古名言！

他这四句话成了历代读书人勉励自己的格言，影响非常深远。所以，看到这几句话，我们要反省自己为什么要读书，为什么而读书，我们的人生价值是什么，人生目标是什么。这个一定要搞清楚，不是说我们读书就是为了自己考一个好学校，将来找一份好工作。如果没有远大的志向，你未必能够找到好工作，你未必能够做好，也未必能考上希望考取的学校，未必能够为社会作出应有的贡献。

在社会中，很多人发现在学校里面学了那么多年的知识，到生活中能用上的并不是很多，自己要做的工作和学习的专业没有特别的紧密关系，这个情况现在不少。所以我们要认识到在读书的过程中，不仅要学知识、学技能，最重要的是要提高自己的德行、道德学问。要在青少年时期便培养自己的德行；要学习古人，真正明白为什么读书。所以，我们讲"为你自己读书"，不是说为你自己的前途，为了自己的功名利禄读书，而是要提高自己的道德修养，提高自己的德行；要明白我们在青少年时期的时候，读书就是增长我们的知识，增长我们的智慧。但是，知识和智慧要承载在德行的基础上才能够发挥作用，所以一定要把提高我们的德行放在读书求知的第一位。而这要从落实古人讲的作为学生的规矩开始。

古人读书，首先是接受童蒙养正的教育。我们现在很多人都学过《弟子规》,《弟子规》就是古代学生的规矩。这个"弟子"是学生;"规"是规矩,这是学生首先应该做到的,不管是现代人还是古代人,这个规矩不能够变。这是我们学习的第一步。你能够把这一步走好,你在学校学习其他知识你才能够学好。我们现在看到社会上有很多学校在推广《弟子规》,而《弟子规》推广得好的学校、班级,学生的文化成绩同样也非常好。这就证明我们的德行、道德素质是我们学习的根本,我们有这个根基学习才能有进步。

> **延伸阅读:**
>
> 《弟子规》,原名《训蒙文》,是清朝康熙年间的秀才李毓秀所作,内容采用《论语》"学而篇"第六条的文义,列述弟子在家、出外、待人、接物与学习上应该恪守的守则、规范。《弟子规》总共360句,1080个字,三字一句,两句或者四句连意,和仄押韵,朗朗上口,是接受伦理道德教育、养成有德有才之人的最佳读物。

读书志在圣贤

学习最重要的一件事情,就是要树立志向。《朱子治家格言》里面讲:"读书志在圣贤。"一个人在年轻的时候,最重要的就是要能树立远大的志向。这个志向不是现代人讲的我要当科学家,我要当政治家,我要当企业家。现在很多年轻的小朋友,青少年都有这样的志向。这个志向好不好?我们也不能说他有错,因为他们没有学习过圣贤的教诲。古代的读书人,他们的志向就是"志在圣贤"。你要是志在圣贤,你做什么都好,做企业家你能为天下人谋福利,做科学家你能够利益社会大众,做政治家你能做一个真正的好领导,关键一个前提就是你要志在做圣贤。

比如历史上宋朝著名的理学家、思想家、哲学家、教育家朱熹朱夫子，他小时候就特别勤奋好学，而且从小就立志要做圣人。朱熹从小接受父亲的教诲，特别聪明。四岁的时候他父亲指着天说："这是天。"朱熹就问了，天的上面有什么？可见这个孩子从小特别有智慧，善于思考，一般人这么小的时候哪能问出这样的问题来。所以他从小学习就特别长进，八岁就能够读懂《孝经》。现在我们很多学生可能都没有读过《孝经》，这是古代读书人必读的书，孝道是学习的根本。朱熹读了《孝经》之后，他就在这本书上题字自勉说："不若是，非人也。"我不能够像《孝经》里面说的那样去行孝道，我就不是人了。所以朱熹朱夫子后来能有这样的成就，就是因为他从小有这个根，决心要做圣人，而且能够从孝敬父母开始，下定决心做一个孝子。

> **延伸阅读：**
>
> 自古以来，中国的孝文化源远流长，孝道一直是中华民族的基本价值观，它关乎中国人的精神生活。春秋时期，儒家学派创始人孔子系统地论述了孝道。
>
> 《孝经》是中国古代儒家的伦理学著作，相传是孔子所作。到唐朝时，它被尊为经书，南宋以后被列为《十三经》之一。《孝经》在中国思想史上有着不容忽视的地位，它是人们修养的必读书目之一。

我们在生活当中常常发现，很多学习成绩好的孩子，都是特别孝顺父母的人，甚至都是家里特别穷的人，家庭背景不好，看到父母工作很辛苦，养家糊口特别辛苦，希望努力读书能够改变家庭命运。生活当中，这样的例子很多。这是为什么？就是因为他有这样一颗孝心。他有对父母的孝心，这个孝心就会化成读书的动力。所以，读书的志向要志在做圣贤，做一个孝子。

做圣贤的基础，首先要做一个孝子。朱熹朱夫子有一篇文章，叫作《朱子白鹿洞书院揭示》，就特别讲到了中国古人学的是什么，中国古圣先贤教我们的是什么，给我们指出了一个大纲。这篇文章现在的教材可能没有收录，但是这是过去读书人都特别重视的一篇文章，几乎读书人没有不读的。所以，在这里首先跟大家讲讲这篇文章。希望通过学习这篇文章，给我们指明读书的方向。

《朱子白鹿洞书院揭示》这篇文章被收录在《养正遗规》这部书的首篇。《养正遗规》是清朝著名学者陈宏谋辑录的，他是乾隆时期一位大臣，做官很多年，在工作之余他就针对当时的情况编辑了《五种遗规》这套书。这套书后来也成了清朝中学堂学生的必读书，影响很大，分别是《养正遗规》《教女遗规》《训俗遗规》《从政遗规》和《在官法戒录》，另外还有一本《学仕遗规》。这些书是当时中学生必读的，也就是我们今天讲的青少年，让他们从小学习这些教诲。

> **延伸阅读：**
>
> 陈宏谋，原名弘谋，晚年因避乾隆（弘历）讳，改为宏谋。他是雍正元年（1723）进士，清代广西桂林籍官员中，官位最高（宰相），任官时间最长（48年），任官历经省份最多，在民间影响最大的一位清官、名臣。在多年的任职经历中，陈宏谋对各地的民情风俗之得失利弊进行了充分研究，分明兴革，逐条钩考，加之勤奋学习，成为学识渊博、编著甚丰的学者。
>
> 《养正遗规》是陈宏谋先生所辑录的《五种遗规》中的第一篇，主要是有关养性、修身、儿童及青少年启蒙教育、读书和学习方法等方面的论述。

《五种遗规》里面第一种是《养正遗规》，《养正遗规》里面的第一篇就是《白鹿洞书院揭示》，这篇文章总结了中国五千年传统教育的精华。在《养正遗规》里面，陈宏谋先生有一篇序言，我们把序言里面记录的一段重要的话与大家分享一下。

陈宏谋先生说："天下有真教术，斯有真人才。教术之端自闾巷始，人才之成自儿童始。大易，以山下出泉，其象为蒙。而君子之所以果行育德者，于是乎在。故蒙以养正是为圣功，义至深矣。"

这是告诉我们，天下的人才是教出来的，"有真教术"就是有好的教育方法，有好的教学手段才能真正地培养人才。

前几年，我们国家著名的科学家钱学森，他就曾经问，我们国家为什么培养不出大师？根源是什么？我们从陈宏谋先生这句话就能知道原因了，就是没有真教术，所以培养不出真正的人才。而教育的根本要从"闾巷"开始，"闾巷"就是我们生活的巷子，就是我们住的街道，农村讲我们的院子里面，教育就要从这个地方开始。就是从我们儿童时期，这个教育就开始了。"人才之成自儿童始"，一个人要成才就要从小时候开始教育。你看朱熹朱夫子，他四岁时就很有智慧了，八岁时就读《孝经》，发愿要做一个孝子。所以，如果我们想要有成就，现在我们年轻时就要学习这些古代的圣贤，自己首先要做一个孝子，要孝敬父母，这样你将来才会有成就；而且要学习古代这些圣人的教诲，不管我们学校的老师有没有教，教材里面有没有，我们都要学习，这样我们才能真正成为人才。

"大易，以山下出泉，其象为蒙"。"大易"是讲《易经》，《易经》里面有一个蒙卦，卦象就是"山下出泉"；蒙卦的卦象上卦是"艮"，下卦是"坎"，"艮"代表山，"坎"代表水；这个水从山脚下流出来，不知道往哪里流，这代表蒙昧。我们看到这个卦象，要"果行育德"，行动要果断，要培育自己的美德，也就是说从小要培育自己的德行，不能够有疑惑。所以古人讲"蒙以养正，圣功也"，这是《易经》里面夫子讲的话，在童蒙时期就要培养他的正知、正见，这是圣人的功业。这个道理很深刻。

我们现在可能从小没有受到这个教育，但是我们今天能够有缘看到这本书，看到这个光盘，看到这个碟片，我们自己就要明白，从小我们就应该要有正知正见。这个正知正见从哪里来？就从圣贤的经典里来。首先,我们要学习古代这些童蒙教材,如《弟子规》《三字经》。这些书文字不多,但是得自己学习,当然孩子的家长也要教孩子。这些是正知正见,从小学习,我们一辈子都受用。我们从小就培养出正知正见,长大以后才会有成就,最起码我们不会做一个坏人,因为我们有正确的价值观,我们的人生才不会走弯路。

人无伦外之人,学无伦外之学

《朱子白鹿洞书院揭示》开篇就讲:"父子有亲,君臣有义,夫妇有别,长幼有序,朋友有信。"

这讲的就是五伦关系。现在的青少年有一些人不懂得如何处理人际关系,尤其是独生子女,他们从小被家里娇养惯了,更是不知道如何与人交往,总是以自我为中心,觉得自己是最重要的,就是不懂得人伦的关系。五伦关系是学问的根本。陈宏谋先生讲"人无伦外之人,学无伦外之学",就是讲没有超出五伦之外的人,每个人都生活在五伦关系里面。所以,学问也没有超出五伦之外的学问。现在有的人读的书很多,甚至都读到博士了,但是未必就能够处理好这五伦关系。你说他是真正有学问吗?未必啊,他学的只是知识而已。

> **延伸阅读:**
> 朱熹(1130—1200),字元晦,后改仲晦,号晦庵,别号紫阳,祖籍徽州婺源(今江西婺源),古代著名思想家。朱熹学说集北宋以来理学之大成,文学上强调文道统一,重道德修养,以致用为主,反对浮华。其诗文创作均有一定成就。现存有《朱文公文集》。

所以，真正的学问就体现在生活当中。首先，你要懂得与人相处，懂得伦理道德，所以说五伦关系是学问的根本。

五伦关系是我们每个人生来都有的，我们一生下来就跟父母有父子关系、母子关系。所以，第一伦就是"父子有亲"。"父子有亲"，就是讲父子之间有亲爱，这个亲爱是天性、自然的，不是人教出来的。比如，我们自己跟父母就格外的亲近，大家应该都有体会。跟父母这种天生的亲近是与生俱来的，没有人教我们，我们自然就会。小孩从生下来，一直到两三岁跟父母在一起，他对父母的那种依赖，对父母的那种爱，都发自真诚心，是真诚流露，没有人教他。但是现在我们很多孩子往往不懂这个，因为从小父母娇生惯养，家里只有一个，全家人都宠着你，不懂得父母的恩德。所以，我们首先要明白"父子有亲"，就是我们跟父母的关系，这是天然的，这个叫道，道是自然规律。我们将来学习要有成就，要体现在为社会服务、为社会作贡献上。服务社会，就要有道德。没有道德，我们就不会有成就，即使你读的书再多，你不懂得做人之道，那你这人就不可能成才。

第二伦是"长幼有序"。我们出生后会有兄弟，如果你有一个弟弟，那你就是哥哥，这就有了长幼的区分，所以叫"长幼有序"。这个序是次序。

第三伦是君臣关系。我们长大毕业以后，走向社会，要到公司里面去工作，到单位去上班，就有领导和被领导的关系，这就是君臣关系，君臣要有义，大家要讲道义。

然后，我们会结婚、成家，这就有了夫妇关系，夫妇要有别。我们还会有朋友，朋友之间要讲求诚信，这是"朋友有信"。这叫"五伦"。我们生活当中，凡是跟我们接触的人，一定是跟我们有着这五种关系的人，每个人跟我们的关系都出不了这"五伦"。五伦关系是适用一切人的，中国人是这样，外国人也是这样，不仅适用一切人，其实一切动物也是如此。

动物也有父母，也有兄弟，也有夫妇，也有领导，比如说羊群里面，领头羊就是君，其他的羊就是臣，它们也有朋友。所以，五伦是天然的道，我们要遵守。这是中国古代的学问，是古代传统教育的根本。我们在明白五伦关系之后，才能知道我们的一生应该如何求学。

下面朱熹朱夫子又讲了，**"右五教之目，尧舜使契为司徒，敬敷五教，即此是也。学者学此而已。"** 意思是前面讲的五伦关系这是传统教育的纲目，最早在尧舜时期，他让契担任司徒。这个司徒相当于现在的教育部长。"敬敷五教"，"敷"是"师"的意思，就是他来施教，把五伦关系教给民众，让他们遵守伦理道德；这个"五教"就是五伦。"学者学此而已"，读书人学的就是这五条，就是五伦，包括我们现在。我们要在学问上有成就，将来能够有出息，我们都得把这作为自己学习的根本。虽然我们现在可能老师没教，可能教材里面也没有，因为中国传统文化已经很少有人讲了，我们的父母可能都没学过，我们的老师也没学过，这个编教材的人可能也没有学过，但我们现在自己遇到了，那就要好好认识，认真学习。

读书求学不能次序颠倒

下面讲，**"而其所以学之之序，亦有五焉，其别如左。"** 学习有次序，这个次序也有五个方面，分别在下面跟我们讲了出来。这里讲"左"，是因为过去的书都是从上到下、从右到左排版，是竖排的，和我们现代书不一样。这五个次序科目是：**"博学之，审问之，慎思之，明辨之，笃行之。"** 第一是讲博学，人不能够不学习。古人讲，"人不学，不知道"。这里讲的"博学"，就是生活中的一切人、事、物，都是我们学习的地方，包括生活教育，如扫地、擦桌子、烧火煮饭，这都要学。古代的学生一开始进学校就学进退洒扫，学这些礼仪规矩。第二是"审问"。审问是什么？遇到问题你要问，审是审查，不知道的时候要懂得问，正如《弟子规》上面讲的："心有疑，随札记；就人问，求确义。"这个审问选择老师特别重要，比如说现在我们学习，尤其是很多青少年，除了平常学习学校的教材，还有很多课外读物。这个课外读物的选择，对我们人生的影响就大了，有的孩子喜欢玩游戏，有的孩子喜欢看武侠小说，有的孩子喜欢看科幻小说，有的孩子喜欢看侦探小说，这些都大大浪费了我们青春的光阴啊。年轻的时候，如果我们有机缘读到古代圣贤的书，那我们的成就就不一样了。下面讲"慎思"。慎思是谨慎地思考，遇到问题要认真思考，自己去思、去悟，实在解决不了才去请教老师。孔老夫子在《论语》里面讲：**"学而不思则罔，思而不学则殆。"** 就是说学习时你如果不思考就会有迷惑，光思考不学习那你就会很危险。你每天在胡思乱想，就想到死胡同去了。第四条是讲"明辨"。明辨是要有智慧。现在我们青少年，往往对社会的诱惑不能够很好地克制，自己没有定力，很容易受到污染而堕落，甚至堕落了连自己都不知道。比如说网络游戏，很多青少年受影响，他们不懂得辨别，因从小没有受过圣贤的教育，对好坏分不清楚。但是我们必须要有智慧来辨别，所以"学问思辨"四者所以穷理也。学是博学，问是审问，思是慎思，辨是明辨，这四个方面是让我们明白道理。明白道理之后，最重要的是什么？是要落实，"笃行之"，笃行就是落实。

> **延伸阅读：**
>
> 《论语》是儒家经典之一，由孔子的弟子及其再传弟子编撰而成。它以语录体和对话文体为主，叙事体为辅，记录了孔子及其弟子的言行，集中体现了孔子的政治主张、伦理思想、道德观念以及教育原则等。与《大学》《中庸》《孟子》《诗经》《尚书》《礼记》《易经》《春秋》并称"四书五经"。

读书不只光学知识，更要"笃行"

下面讲："则自修身以至于处事接物，亦各有要，其别如左。"这里讲笃行就是落实，把我们学习到的这些古圣先贤的教诲，落实到自己生活当中。如果你学到了这些知识，但你不落实，你的理想就会落空。《弟子规》上讲，"不力行，但学文；长浮华，成何人。"我们现在很多青少年很有知识，而且对很多时髦的东西也很懂，比如说现在用高科技的手机，上了年纪的人可能要学很久才会，可小孩子两下就搞明白了，然后他还去教大人，而且很傲慢，说你连这个都不会。这些小孩的学习没有德行的根基，这只会增长他们的浮华之气罢了，将来很难成材啊。所以，我们一定要把学到的古圣先贤的这些教诲，落实到生活中去，要在修身、处事、待物中处处体现。

下面朱子讲："言忠信，行笃敬；惩忿，窒欲；迁善，改过。""言忠信"，就是讲说话要诚实，做人要诚实。一个人从小诚实，他长大之后才会有好的品格。你看现在社会上那些诈骗犯、贪官、污吏，甚至黑社会组织的人，就是从小不诚实。朱子告诉我们，要从小就从说话、做事开始，培养诚实的品格，就如《弟子规》里面告诉我们的"凡出言，信为先"，尤其是小时候就要注意这一点。"行笃敬"，这个笃是笃实，敬是礼敬，就是要有诚敬心；"言忠信，行笃敬"，这就是我们讲的要有诚敬之心。我们学习如果没有诚敬之心，你就不能够进步。我们看那些在学校里面成绩好的同学，往往对老师很有恭敬心；那些成绩不好的人，对老师就往往缺乏诚敬，甚至不把老师放在眼里，所以他就学不到东西了。"惩忿，窒欲"，忿是愤怒，脾气大。现在很多人，人虽小，脾气却很大，因为从小受到环境的影响。尤其是独生子女，从小父母、爷爷、奶奶特别宠爱，很容易养成自私自利的性格，大家不听他的他就发脾气，任何事不顺他的心就起烦恼，就发火，希望什么都能顺着他。这叫什么？这叫嗔恨心。"惩忿"，惩是惩治，不要让自己有这种愤怒的心；"窒欲"，就是要控制我们的欲望。人从小就有欲望，从几岁开始就有，看见人家有好的玩具他也想有，看见人家有漂亮的衣服他就想要，看到人家的自行车很好，就想要爸爸妈妈给他买。我们应该要控制自己这些欲望，而且要从小开始。

你从小能够控制自己的欲望，你才能一心读书。你看在学校里，我们自己就有体会。过去自己小时候读书，努力的时候，哪有时间去关心自己今天穿什么衣服，明天穿什么鞋子？没有，也不去看别人的，从早到晚就是读书，把时间、精力、心思都用在功课上，不让自己有别的欲望。

"迁善"，就是看到人家好的地方我们要学习，尤其是在学校里面，要向德行好的同学学习，人家有优点我们要效仿人家。"改过"，就是要改正自己的过失。从小我们就要把自己做得不对的地方改过来。从小能够改过，一直养成这样的习惯，你长大后才会有成就。

接下来朱子讲**"正其谊，不谋其利；明其道，不计其功"**。这个"谊"跟"道义"的"义"是通假字。"正其谊"就是讲我们凡事要以道义为原则，做任何事不能够自私自利。比如说，我们现在从小受到的教育就是让我们养成自私的心，你看现在的年轻人有几个不自私啊？处处只想自己，这就和古人的教育背道而驰了。我们凡事要以道义为原则。这个道义首先得从我们前面讲的五伦关系着手，尤其是在学生时代，最重要的是"三伦"：第一个是我们的父母。我做这个事父母会不会同意？能不能够得到父母的欢心？做这个事会不会让父母伤心？如果你天天玩游戏，如果你天天去网吧，那父母会难过，这就不符合道义了。第二个是老师。老师跟我们的关系既像父母跟子女，也像过去的领导跟下属。如中国古代家家户户大堂都有"天地君亲师"位，这个老师跟君主、跟父母的地位是同等的，你做事情符不符合老师的教诲，要以这个为标准；跟同学交往也要诚实守信，要把同学当成自己的兄弟，要做到"兄友弟恭"，要友爱同学，不能够欺负同学。

"不谋其利",是说我们不能够自私自利,不能够只想自己,要时时想到父母、老师、同学,要想到他人。"明其道,不计其功",就是做任何事要以道义为原则,要从小养成这样的习惯,养成这样的理念,那你以后才能有所成就,才能真正成为一个对社会有用的人。

下面朱子又说:"**己所不欲,勿施于人。**"这是我们跟人相处,接人待物一定要有的准则。人家不愿意的,自己不希望人家加到我头上的,我们也不要这样对待别人,我希望得到的我才能给予别人。比如我们不希望别人诽谤我,讲我的坏话,那我就不能讲别人的坏话。这就是说我们在生活中,自己要能够换位思考,先想别人,不能够只想自己。但是现在,我们从小往往就是只想自己,不懂得换位思考。

"**行有不得,反求诸己**",就是我们遇到了挫折,失败了,要先从自己身上找原因,不能把责任推给他人。一般我们会怎么想?首先找外面的原因,把过失推给别人,推给老师,推给同学,或者这个事情有很多客观的原因,但往往就不想自己的过失,我自己哪有什么错?所以古人讲"行有不得,反求诸己",那就是你做事情行不通的时候要反省自己。自己没有道德,没有德行,没有听老师的话,没有听父母的话,自己的行为不符合《弟子规》的教诲,不符合圣人的教诲,我们要反省,要改正自己的过失。这些就是我们中国古代传统教育的宗旨。你能够把这些落实,你在学校里面学知识、学技能,你有这个作为根基,你才能够有成就。如果你没有任何根基,你读书即使读得再好,将来也未必能有大成就。所以,朱熹朱夫子把这个作为每一个读书人的基础。这是我们学习的第一课,无论我们学习什么,明白这一点之后，学习就有了方向；不管我们在学什么，将来学经济，学管理，学计算机，我们都会明白，我们学这些是为了什么。我们是要利益他人的，要按照道德伦理做事情。否则没有了这个基础，我们学的很多东西，就会成为我们危害社会的一个因素。比如说，现在我们大家都知道有地沟油，有毒奶粉，这些东西是谁做出来的呢？这不是一般人能做出来的，都是懂得高科技、有高学历的人做出来的。所以，如果没有这些道德伦理做基础，读的书越多，给社会造成的危害就越大。

"管宁割席"的启示

前面我们讲到了读书要志在圣贤，要有圣贤之志。立了这样的志向，读书才会有所成就。接下来我们讲一讲一些古代读书人的故事。

东汉末期，有一位名士叫管宁，他从小特别好学，而且是饱读诗书，从来不贪求功名。他小时候家里也很穷，16岁时父亲就过世了。亲戚朋友都特别怜悯他，给他送了很多财物让他安葬父亲。但是，16岁的他特别有气节，对这些亲戚朋友赠送的东西一文不取，靠自己的能力安葬了父亲。他在年轻的时候结识了几个学友，这几个学友都很有名，其中一个叫华歆，一个

> **延伸阅读：**
>
> 管宁（158—241），字幼安，北海郡朱虚（今山东省临朐）人。他是管仲的后人，三国魏高士，自幼好学，饱读经书，一生不慕名利。与平原华歆、同县邴原号为一龙，华歆为龙头，邴原为龙腹，管宁为龙尾。当时的名士，后因厌恶华歆的为人而传有割席而坐的佳话。管宁一生讲学，居住在辽东。

叫邴原，他们三个人很要好。当时的人，把他们三个人比喻成一条龙，华歆是龙头，邴原是龙腹，管宁是龙尾。这里面有一个故事，叫作"管宁割席"。他们三个人都是读圣贤书的，都知道夫子讲的**"不义而富且贵，于我如浮云"**，就是用不义的手段得到富贵，对我来讲就像浮云一样是虚无缥缈的，绝对不可以去贪恋。道理可能大家都懂，但是真正能够做到的太少了，这个管宁他真正做到了。

有一天，他们几个人在劳动，古人强调"耕读传家"，就是读书还要耕种。他们在花园里面种菜，结果管宁在锄地的时候发现了一块黄金，可能是以前有人埋在那里的。管宁在这块个黄金被锄出来之后看都没看，就像石头一样把它扔到一边继续锄地，一点也没有动心。后来华歆也锄到了黄金，他就把它捡起来看了看，然后再把它扔了。他这个动作比管宁就输了一筹，华歆看到黄金还是动心了。后来他们两个人在屋里读书，外面街上有一些富家的车轿走过，敲锣打鼓，管宁仍然一心读书，好像什么都没看到、什么都没听到，特别专注。真正做到了《弟子规》里面讲的"心眼口，信皆要"。但是华歆在屋里就忍不住了，他就跑出去了，对外面的车轿特别羡慕，很喜欢看这个热闹。等车马过去了之后他又回到屋里，结果管宁就拿了一把刀把他的席子割开（古代人都坐在席子上），跟他划清界线，说"你不配做我的朋友"。这个故事就是"管宁割席"。

从这个故事我们就能看出，管宁志向崇高，没有丝毫名利心，所以他能够成就真实的学问。一个人有学问不在于他有多高的官位，或者有多少钱财，这个并不能体现一个人的学问。真正的学问是什么？是能够体会圣贤的境界，能够乐在其中，不为名利富贵所动。我们知道，东汉时期天下大乱，后来华歆投到了曹操门下。曹操是乱世枭雄，这个人德行不好，尽管有才能也很聪明，但是特别有野心，想要夺取天下，所以曹操"挟天子以令诸侯"，要挟当时汉朝末年的皇帝汉献帝，把他挟持住来命令天下的诸侯，最后把汉朝吞并，他儿子曹丕建立了魏朝，他被追封为魏武帝。

魏朝建立后，华歆成了曹魏的重臣。华歆过去跟管宁是好朋友，所以他在曹丕面前极力推荐管宁，曹丕也特别想把管宁请出来做事，但是管宁执意不肯。后来曹丕去世以后，他的儿子魏明帝又多次去请他，管宁仍是一律推辞，到死都没有出来做官。因为什么？古人讲"天下有道则见，天下无道则隐"。一个读书人，如果天下政治清明，那他就出来为天下人服务；如果天下无道，就自己好好修德，绝对不会为世间的权位富贵出来做官。从这里我们就能看到一个读书人的气节。管宁的气节、品格，就要比华歆高很多。华歆虽然读圣贤书，但是没有把名利放下，他把圣贤的学问全用在功名利禄上。管宁没有，他真的是为提高自己的道德修养而读书，没有追求世间的名利，乱世他绝对不出来做官。为什么？就是不为虎作伥、助纣为虐。虽然他一生没有官位，但是我们相信他一生是真正快乐的，他的人生是真正有价值有意义的。这个体会我们一般凡人体会不到。为什么？因为我们没有达到他的境界。所以朱熹讲**"读书之乐乐**

> **延伸阅读：**
>
> 三国时期的魏朝（220—266），多称曹魏，是三国之中最强大的一国。东汉末年，天下纷乱，群雄逐鹿，曹操在军阀混战当中，势力不断增强，并且控制了东汉朝廷，为曹魏的建立奠定了基础。延康元年（220年），曹操逝于洛阳之后，曹操之子曹丕逼汉献帝退位，篡夺汉室政权，在许昌称帝，后迁都洛阳，曹魏始建。至咸熙二年（265年），司马炎篡魏，改国号为晋，曹魏灭亡。
>
> 曹魏占据长江以北的广大中原地区，人口稠密，经济发达，实力远胜蜀汉和东吴。九品中正制是曹魏最重要的改革，对魏晋时期的政治产生了深远影响。

何如，绿满窗前草不除"，读圣贤书特别开心，屋外的草长得很高了，长到窗户这里了，没有时间去除草，完全沉浸在读圣贤书的境界当中。

好学的颜回

下面我们再讲一个故事，这是孔老夫子最得意的学生颜回的故事。颜回一生特别穷困，但是孔老夫子对他特别赞赏，在《论语》里面孔夫子曾经讲："一箪食，一瓢饮，在陋巷，人不堪其忧，回也不改其乐。贤哉回也！"两次都赞叹颜回有贤德。贤德在哪里？"一箪食，一瓢饮。"颜回生活特别贫寒，家里吃饭连碗都没有，而是用竹篓来盛饭，"箪"就是竹篓的意思；喝水没有杯子，而是用葫芦瓢来饮水。住在哪里？陋巷当中。一般人像他住在这样的地方，过这样的生活，不知道会忧虑到什么地步。一般人要是生活很穷，就会天天去想怎么发家致富。但是老夫子看出来了，颜回不改其乐，他特别快乐，没有忧患。快乐在哪里？就是《论语》里讲的"学而时习之，不亦说乎"。他为什么学得这么快乐？我们为什么学得这么苦？就是因为我们没有体会到真正学习的快乐。学习什么？学习圣贤的经典、古人的经典。"习"是落实，把古人的教诲真正落实到生活当中。你以古人的教诲来

> **延伸阅读：**
>
> 颜回（前521～前481），字子渊，春秋时期鲁国人。他十四岁拜孔子为师，在孔门诸弟子当中，孔子对颜回称赞最多。不仅赞扬其"好学"，而且还以"仁人"相许。历代文人学士对颜回也无不推崇有加，宋明儒者更好"寻孔、颜乐处"。自汉高帝以颜回配享孔子，祀以太牢，三国魏正始年间将此举定为制度以来，历代统治者封赠有加，无不尊奉颜子。

为人处事、接物，把这些变成自己的人生境界和人生态度，你会其乐无穷，因为你过的是圣贤人的生活。这个乐不是外面得到的快乐，你看我们买一件漂亮的衣服，一天、两天就不高兴了；电子游戏玩一个小时高兴，不玩就不高兴了，这不是真乐，这只是我们欲望暂时得到满足，没有就不快乐了。学圣贤书，落实圣贤之道是真正的快乐。这个快乐从哪里来？就是放下我们的欲望，是《大学》里面讲的"格物"。格物是什么？格，是格斗；物，是物欲，意思就是和我们的物欲格斗。你把欲望放下，你的人生就快乐了。

良相与良医：范仲淹的故事

下面我们再来讲范仲淹先生的故事。范仲淹先生是宋朝的一位贤相，他出身也是特别贫寒，从小父亲就去世了。那时他才两岁，母亲改嫁到一个姓朱的家族，范仲淹也就跟他母亲一起到这个朱家。后来他长大之后知道了自己的家世，而且朱家人都排挤他，所以没办法，范仲淹就只好含泪拜别了母亲。临行前，他对母亲讲："妈妈，请你等我十年，十年之后我衣锦还乡接你来奉养。"古人讲"十年寒窗，一举成名"，范仲淹准备去考功名。考功名的目的是什么？目的是要尽孝，希望重振范

> **延伸阅读：**
>
> 范仲淹（989—1052），字希文，北宋著名的政治家、思想家、军事家、文学家、教育家，后世尊称"范文正公"。庆历三年（1043年）他与富弼、韩琦等人参与"庆历新政"，提出了"明黜陟、抑侥幸、精贡举"等十项改革建议。历时仅一年。后因为遭反对，被贬为地方官，辗转于邓州、杭州、青州，晚年知杭州期间，设立义庄，皇佑四年（1052年）病逝于徐州，谥文正。

家，自己好好孝顺母亲，更重要的是能够为天下人谋福利。

有这样一个小故事，范仲淹年轻的时候遇到一位算命先生，范仲淹一张口就向他请教："你看我能不能做宰相？"这个相士就摇摇头讲："你这个年轻人太自负，一开口就说当宰相。"范仲淹一听，可能当宰相没指望，就改口问他："请问我能不能当医生？"古代做医生是一个很穷的职业，不像现在的医生。古代的医生绝对不会开口问人要医药费，都是病人来找他治病，他把病治好，救死扶伤，不是为了挣钱。医药费都是随病人给，病人家境好可能会多给，家境不好，医生绝对不会开口要钱，甚至遇到贫寒的人，连药费都拿不出，医生还会倒贴药费。这跟古代教书先生是一样的。古代教书的人绝对不会问学生要学费，不像现在的学校，开补习班明码标价，价格还挺高。

这个相士听到范仲淹先生本来想当宰相，结果一下变成想当医生，这个改变很大，就很奇怪地问他："为什么你原来想当宰相，一下子掉到想当医生？"范仲淹就跟他讲："当宰相是为了救国救民，当医生也能够救民；只有宰相和医生能够救人，如果我当不了宰相，那我希望当医生。"这个相士听了之后就赞叹他，他说："你有这样的诚心，是真宰相也。"你虽然还不是宰相，但你已经有宰相的心，你已经有这个福德了，日后必定能当宰相。所以，有这样的德才会有这样的福。范仲淹后来果然考取了进士，而且做到宰相，能文能武，治国安邦，成为一代名相。

在范仲淹还没有考取功名之前，他拜别母亲之后出来读书，一开始在山东长白山醴泉寺读书，后来又到了应天书院读书。我们能想象，当时他读书是多么清贫，一个孩子离开家庭，又没有父亲，真的是一件憾事。每天没有足够的钱买米煮粥，他就把粥分成四份，早晚各吃两份，然后用一些野菜做成咸菜，天天切点咸菜拌稀粥喝，后人称这为"断齑划粥"。到了冬天，没有暖气，也没有钱买柴火，瞌睡来了他就用冷水洗脸，以此来提神。历史上记载，5年当中，他晚上睡觉衣不解带，累了就稍微歇息一下，早上闻鸡起舞，晚上挑灯夜读。一个真正有志向的人，把自己所有的欲望都降低了，而且他是财、色、名、食、睡统统放下。

这里有他的几个小故事。有一天，与他一起读书的一个富家子弟朋友来看他，看到他吃这些东西，这个朋友过意不去，特别同情他，就准备了一桌酒席送给他，希望给他改善一下生活。过了一段时间，这个朋友去看他，发现这桌酒席仍原封不动。他很吃惊，就问范仲淹，为什么我给你送来的酒席你不吃？你是不是不喜欢吃？范仲淹就跟他讲，不是我不爱吃你的酒席，是如果今天我吃了你的酒席，来日就吃不下我的齑粥了。范仲淹是以苦为师，用这种清苦砥砺自己的志向。古人讲："淡泊以明志，宁静以致远。"淡泊是生活节俭，把物欲降到最低；明志是让自己的志向不动摇，心保持宁静。

还有一个故事，是范仲淹先生在寺庙里读书的时候，偶然有一天他在庙后的树下发现一大坛金子。你要知道他当时是穷困到了极点，对这样的一个穷书生来讲，见到一坛金子哪能不动心？但是范仲淹见到这些金子真的不动心，他不动声色地把这些金子埋在原来的位置，也没有跟任何人说，好像没事发生一样。后来这个事情怎么被人知道的？如果不是后来发生一件事，人们永远不会知道范仲淹遇到金银不动声色这个事。这是后来范仲淹当了宰相后，庙里的师父找他化缘，说寺院年久失修了，您老人家过去在我们寺院里读过书，现在荣登相位，能不能给我们一点帮助？这时候范仲淹才告诉他，你们自家就有，在大树底下，你们去挖，那里有一坛金子，足够你们寺院做翻修了。结果回去一挖，真的挖出来了一坛金子。大家这才知道范仲淹的品格，是圣人君子的纯洁，对金钱毫不动心。

范仲淹一举成名考中进士后，没有忘记自己当年对母亲的诺言，他衣锦还乡。本来讲十年，结果他八年就考中，过来接母亲去奉养尽孝。范仲淹的儿子也都是大孝子，里面有一个故事。当时范仲淹年纪老了，在家里休息养病，这时候朝廷请范仲淹的儿子范纯仁出来做官，结果范纯仁就婉言拒绝了，说自己父母病在家中，不能出来做官。他讲了一句"岂可重禄食而轻父母？"把功名利禄全都放下了。后来范仲淹去世之后，他的大儿子范纯佑也是得病在家，这个时候朝廷再请范纯仁出来做官，他还是拒绝了，在家照顾自己的兄长。等到他的责任尽到了，朝廷再请他时他才出来做官。后来，他也做到了宰相。一个人有宰相的命，你怎么样都推不掉；没有宰相的命，你求也求不来。所以，在《岳阳楼记》里，范仲淹讲出了自己的心声："不以物喜，不以己悲。居庙堂之高则忧其民，处江湖之远则忧其君；先天下之忧而忧，后天下之乐而乐。"这个物就是物欲，他的欢喜不是建立在物欲上。"不以己悲"，是不会因为自己的进退而悲喜，自己升官了没有什么喜的，这是一种责任；如果没有升官被贬退了，也不会感到悲伤，不会为这些得失忧愁。"居庙堂之高则忧其民"，在朝廷为官，要忧虑天下的老百姓，自己能不能

> **延伸阅读：**
>
> 《岳阳楼记》是一篇为重修岳阳楼写的记。是北宋文学家范仲淹应好友巴陵郡太守滕子京之请，于北宋庆历六年（1046年）九月十五日所作。其中的"先天下之忧而忧，后天下之乐而乐"、"不以物喜，不以己悲"是最出名和引用最多的句子。《岳阳楼记》能够成为传世名篇，并非因为其对岳阳楼风景的描述，而是范仲淹借《岳阳楼记》一文抒发了先忧后乐、忧国忧民的情怀。岳阳楼为三国东吴所建。

真正为老百姓谋福祉。"处江湖之远则忧其君",被贬退了或者没有机会出来做官,远离朝廷时,就为国家领导担忧,希望国家领导能够把国家治理好。

所以,不管是进是退都是忧。进是有机会为天下人服务,要努力工作,做官就是为民服务;退是被贬退,或者是退隐做一个隐士,他也是为天下人忧,一定要天下人都能够生活安定,那他才快乐。所以,范仲淹当了宰相,他不贪图荣华富贵,所有的俸禄全部都拿来购置了义田,这个田让别人耕种,所得的收入用来供养亲族和一些有为的读书人,让他们好好读书推广圣贤教育。他自己一生过着贫寒的生活,到老了的时候,所有的钱财都布施光了,连棺材都买不起。史书上曾记载:"身无以为殓,子无以为丧。"家里拿不出钱来办丧事。

这里还有一个故事,讲到范纯仁有一天出去,碰到范仲淹的一位老朋友,结果这个老朋友家里遇到变故,房子没了。范纯仁当时正运了一船米去卖,回来就跟父亲汇报这个事情。范仲淹就问他,你有没有把这个卖米的钱资助这个老人?范纯仁说全部拿来资助他了。他接着又跟父亲讲,他不仅家里受灾,而且他的女儿马上要出嫁还没有嫁妆。范仲淹说,那你就把船也卖掉。结果范纯仁真的跟父亲一条心,把船也卖掉了。这是真正为朋友为他人,自己没有丝毫的私利在里面。你看,范仲淹有这个德行,他们家的家风代代相传,他们的家族传到了今天仍长盛不衰,家族出了很多名人。这是范仲淹的故事,真正是读书人的榜样。

明朝大儒刘理顺的故事

我们再讲明朝大儒刘理顺的故事。

刘理顺是明朝的大儒，字复礼。从这个字我们就能够看到他的志向——"克己复礼"，就是要克制我们的习气，让我们的行为回归到礼上。刘理顺一生真正对得起自己的"字"。

> **延伸阅读：**
>
> 刘理顺（1582—1644），字复礼，号湛六。明朝人，原籍山西，明初迁尉氏，二世祖迁杞县花园村。崇祯七年（1634年），第十次赴京应试，崇祯帝对他的论断和忧国忧民之情非常赞赏，并亲自批准他为状元，封为翰林院修撰，负责《起居注》，管理六曹奏章，纂修《明会要》。

古代讲名字，现代人一般只有名没有字。名是什么？我们生下来父母给起的；字是成年以后兄长、叔叔、伯伯送的。在古代，一个人举行冠礼以后，除了父母、老师可以称他的名，其他的人就只能称他的字，这样表示对他的尊敬。这是中国古人孝亲尊师的传统，只有老师和父母可以称他的名。

刘理顺从小学习很好。父亲在他出生一个月之后就去世了，他的母亲把他抚养大。他特别好学，而且特别重视自己的德行修养。因为他家里很穷，去京城参加考试，他得负责筹备路费。于是他只好到一个富人家里去做私塾老师，赚一些路费，然后再去赶考。他教书的人家主人对他特别器重，看到年轻的刘理顺德行、学问都很好，就在家里挑了一位特别聪明、特别漂亮的女孩来伺候他，而且让这个女孩跟刘理顺一同住在一个房间里，一住就是三年。这个主人的意思就是把这个女孩送给刘理顺，让这个女孩终生服侍他，这也是一番好意。

　　三年以后，刘理顺准备辞掉家教的工作进京赶考。临行前，他跟主人道谢，感谢这三年来对我的照顾，而且特别派这个女孩来照顾我，现在我要去进京赶考，请主人把这个女孩子领回去，给她选一个人家结婚。这个主人就觉得很奇怪，也很懊恼，说这个先生怎么这么说话？这个女孩已经服侍你三年，感情应该很深了，你就把她带回去做你的侍妾，为什么还要让我给她婚配呢？结果刘理顺就非常严肃地跟他讲，难道你以为我真是好色之徒？你送的这个女孩确实特别聪明特别漂亮，而且照顾我三年无微不至，这个事我要特别感谢你。我对她只存在感恩的心，绝对没有侵犯侮辱过她。我是读圣贤书的人，怎么能够违背礼教，还没有娶正式的妻子就要纳妾？这万万不可。刘理顺说得特别严肃、特别诚恳。这个主人听了之后，感觉不像是假话，但还是有所怀疑，这么漂亮的女孩，他怎么能够在美色之前不乱？于是就请家里的一位老妇人给这个女孩验身，发现这个女孩真的是清白的。这个主人对刘理顺先生就特别敬佩，赞叹他是一个真正有德行的人。

　　后来刘理顺进京赶考，几经挫折最后高中状元。这里面还有一个小插曲，刘理顺24岁就中了举人，但考进士却9次都落榜。第10次考试的时候，本来他的文章写得很好，但是因为写得太好了，主考官没读懂，结果就把这个答卷列为下等。明朝的崇祯皇帝特别爱才，后来他在复查考试试卷的时候发现刘理顺这篇文章写得太好了，而且这篇文章的论断，这种忧国忧民之心表现得淋漓尽致。所以皇帝特别赞赏，亲自钦点刘理顺是进士的第一名。他本来是落榜的，后来成了状元，这个戏剧性的变化就是刘理顺他懂得积德，他的阴德所感召。估计他的命里是考不上状元的，但因为他见"色"能够不乱，能够恪守伦理道德，真正做到克己复礼，克制自己的欲望，遵循礼教，所以他能够最后高中状元，一生中取得很大的成就。这是一个真正的读书人恪守圣贤教诲，重视自己的德行操守，最后取得功名的事例。

我们在现实生活中也常能看到，有的人平时学习成绩很好，但是高考的时候未必发挥得好；有的人平时成绩一般，但高考时却发挥得特别好。这里面都有原因，最重要的是我们要有德行。你有德行，你的成绩才能够考好；如果平时学习成绩很好没有德行，你未必能够在考试当中取得好的成绩。

经典链接：《沧州精舍谕学者》学习心得

朱熹朱夫子讲，学习的第一步就是要立志。《养正遗规》中的第二篇，就是朱熹朱夫子写的《沧州精舍谕学者》。他在文章里面讲："学莫先于立志。固人尽知之，但世人所谓立志，志科名耳，志利禄耳。"大家都知道学习要有一个志向，从小老师、父母也都会问我们，你将来的志向是什么？我要做一个科学家，我要做一个政治家，我要做一个经济学家，我要读到博士……各种各样的理想。但是这些立志求的是什么？求的是自己的功名利禄，不是我要为天下人服务，我要做圣人，这叫"志科名耳"。古人不是。在古代，当然没有现在说的要当科学家，当各种职业家。古人读书，一般是想要考取功名，我读书是希望将来当官。当然，现在年轻人的选择多了，虽然选择多了，但他还是出不了为自己的享受、名和利。一般的人立志都是这些，没有几个人说我读书要做圣人。当然，这也不能够怪大家，因为大家从小没有受过圣人的教诲。所以，学了这篇文章后，我们就要明白应该如何立志。

陈宏谋先生在序言里面讲："**每子弟发蒙，即便以此相诱，故所夸材隽。不过泛滥于记诵词章，而不复知孝悌忠信为何事。**"这是陈宏谋先生批判过去一些父母为培养自己的孩子读书，以功名富贵来诱导孩子；虽然这些孩子有的也很有才华，很优秀，但是只不过是把这些文章记得很熟罢了，而不知道"孝悌忠信"是什么，不再注重德行的培养。现在也是，你看现在也有很多年轻人，很聪明，很有智慧，他们学数学、英语、物理、化学，都学得很好，但是他们不知道什么是"孝、悌、忠、信"。前面我们讲过，学问之道在伦理道德，在五伦关系，"人无伦外之人，学无伦外之学"，学问的根本就是德行。古人跟我们讲，孝、悌、忠、信、礼、义、廉、耻，是为八德，得修德行我们才能够成就圣贤。为什么古代的读书人，有的十几岁就考中进士，之后很快就可以来做官？可以做一个地方的县长，做知州、知府，他能够治理一个地方。为什么古人有这种能力？他们的学习跟我们的学习有什么不同？根本区别就在于古人他有德行，他们知道孝悌忠信！

接下来讲，"**朱子谕学者，所以志不立之病，却在贪利禄，不贪道义；要作贵人，不要作好人；教后生须将此路头，先与他指点明白，方得迤逦向圣贤一路上去。**"这是朱熹朱夫子告诉学生，你立志要立得正；你志向没有立，毛病在哪里？就是你贪利禄，追求自己的名利，追求自己的官位。利是财富，禄是禄位，现在讲就是你想升官发财了，想要做贵人。贵人，我们现在讲就是社会上很体面的、做官的人，当企业家的人。这些人受到人们的尊重，因为现在人们把权和钱看得比较重要，所以对这些人尊重，所以人人都想做这样的人，而不想做好人。其实，真正的好人，他才能够得到人们发自内心的敬佩！有钱有权的人，虽然别人对他可能好像很有礼貌，很尊重，但是在背后未必能瞧得起他！如果这个人没有德行，未必能得到别人真正的尊重；如果是一个好人，即使他地位不高，生活非常清贫，但是他能够得到别人发自内心的真正的尊重！这是人的本性，"人之初，性本善"，所以讲"教后生须将此路头，先与他指点明白"。"教后生"就是教我们这些年轻的读书人，要明白这个道理，要学习道义，不要只求利禄，你"方得迤逦向圣贤一路上去"，才能在圣贤这条道路上走下去。这个"迤逦"就是代表你走的这条路，比较崎岖，你得克服重重困难坚持学习圣贤的教诲，才不会学到半途就学不下去了。我们很多学生，高考结束时，学校里面是一个什么样的情景？所有的人都把课本从楼上往操场上扔。我自己过去读书就是这样，考试完了，这个书就不要了，以为总算轻松了。这个不是真学，不是学圣贤学问。所以，我们要明白，如果只是为考试而学习，那是功名利禄的心。

下面讲**"即不可不正其志所向。否则志非其志，学亦非其学矣"**。这是教我们志向要端正。如果志向不端正，那你这个志向就不是真正的志向。现在好多人学习的志向，都是希望上清华、北大，希望上哈佛、剑桥，这都不是真正的志向。真正的志向是什么？真正的志向是要做圣人、做圣贤。如果你的志向不是真的，你学的也不是真学。所以，我们自己一定要明白，否则你读了几十年书，你看我们现在读书很辛苦，小学六年，初、高中六年，大学四年，这就已经是16年了，还要读研究生，还要读博士，可能有的人一下就读20多年，这20多年如果你不知道伦理道德是怎么回事，那你学来这些东西用处就不大。所以，我们读书首先要有一个志向。这个志向不是说你要考清华、北大，不是说你要读硕士、博士，不是说你要当企业家、政治家、科学家，这个志向是你要真正地做一个圣贤人！你立志做圣贤人，你做什么都好；你不立志做圣贤人，你做什么都不好。圣贤人是什么？他念念不是想自己，他是想做一个对社会真正有益的人。所以朱熹朱夫子这篇短文，虽然很短，但是对我们读书人特别重要。

朱夫子讲**"书不记，熟读可记；义不精，细思可精。惟有志不立，直是无着力处"**，就是说这个书你记不下来，比如说现在的学生，学语文要背诵课文，学英语要记单词，你记不下来，多读几遍就能记下来了。"义不精，细思可精"，道理你不明白，多仔细思考一下就能够明白了。比如说现在很多科目都是要思考的，尤其是理科，要求我们有很好的思维能力，你要是仔细思考你就能懂。所以不管你学文科、学理科，这个都不重要，重要的是你立志向没有。"惟有志不立，直是无着力处"，如果你不立志，你读书就用不上劲，因为你没有读书的原动力。为什么你能够发奋读书，就是因为你有志向。你看为什么古人有的考试考了10次、20次都不放弃，考到50岁、60岁、70岁还没放弃。他为什么有这个志向，为什么有这个动力，就是因为他有志向，他希望自己能够考上，能够为天下人服务。这才是圣贤之志啊，所以他不管遇到什么样的困难、挫折都能够锲而不舍。人要是没有志向，就跟一滩烂泥一样，扶不上墙。

现在的读书人、青少年，有几个真有志向的？你看现在的高考，很多人一次没考上就没有动力了。因为他们没有真志向，所以读书就使不上力了。所以人一定要有志向，一定要有远大的志向。这个志向不是说你希望考个好学校，找个好工作，而一定是要做好人。做圣人。

"只如而今，贪利禄，而不贪道义；要作贵人，而不要作好人，皆是志不立之病。" 现在我们去问那些学生，你到大学去问，你为什么上大学啊？你到高中去问，你为什么要考大学？我们可以做个调查，看有几个人说我要做个圣人的？大部分人都会回答我要考大学，将来找个好工作多赚钱，他们选专业都是选择将来社会比较热门的、吃香的专业。相反，你看哲学、文史，这些偏点的学科就没有多少人学。这是为什么？这是没有立志向！不立志向，这是真正的大毛病，而最大的毛病，就是大家都只想做贵人，不要做好人！为什么选择这些专业？就是想要做贵人嘛！看这个专业吃香，以后到社会受人尊重，工资高。为什么现在很多大学生毕业想考公务员？他真有为人民服务的志向吗？你去问那些考公务员的人，有几个是想真正为人民服务的？很少。你看那些考大学、考研究生、考博士的，你问他为什么要考，会有几个人说是我要做圣人，想要学技术，学知识，为天下人服务的？没有。你没有这个心，你学习没有意义！你学得再多，人生意义都不大！

所以下面朱夫子教导我们：**"直须反复思量，究见病痛起处，勇猛奋跃，不复作此等人。"** 一个真正有志向的读书人你要反复思量，要反省自己，我求学的动机在哪里？考大学、考研究生的动机在哪里？我是求自己的名利，求自己将来富贵发达，还是真正想要为社会做一些有价值的事情，为社会服务？我们要发现自己真正的病症所在，这个病是什么？这个病就是我们的自私自利，名利心，只求升官发财。我们要把这个去掉，"勇猛奋跃"。"勇猛"是什么？专治我们的烦恼，专治我们的习气。"奋跃"之。我们真正行动起来，立真志向，立了真正为天下人服务的志向，"不复作此等人"，不要做这个世间的凡夫。你看世间的人每天忙来忙去，大学里面的学生每天很辛苦啊，高中的学生他学得很累，很辛苦，但是你问他为什么而学习？就跟世间那些人一样每天很忙碌，上班，下班，在忙什么？古人讲，有人曾经问长江上有几条船，有人就回答了，长江上有两条船，一条叫名，一条叫利。读书人跟世间的人不一样，你要真明白就要把这个放下，你要努力做圣贤。能够成就圣贤，你一生就会有成就，你不用担心自己没有饭吃，不用担心你在社会上不受人尊重。这样的人现在社会很缺少，你能够做这样的人，将来必定有大成就，就能够成就不一般的事业，不会跟那些没有志向的人一般。

下面讲"**一跃跃出，见得圣贤所说千言万语，都无一事不是实语，方始立得此志。就此积累工夫，迤逦向上去，大有事在。诸君勉旃，不是小事**"。"一跃跃出"就是奋跃起来，就是你真相信，那你就会发现圣人讲的话都是实语，圣人讲的话都是真的，圣人叫我们不贪利禄，要追求道义，要知道追求道义是最大的利。你看古代的读书人他不求自己的利益，但是他一生真正为天下人、为社会、为国家付出，他能够得到社会的尊重；不仅当时受人尊重，到后世也受人尊重。你看看古代的这些读书人，像朱熹朱夫子、范仲淹先生，像我们这里讲的陈宏谋先生，这些读书人是真正求道义。他们有这样的心才能够成就道德学问，才能够真正为社会做服务。你真立了这个志向，你就会努力。

古人讲："**小人常立志。**"今天我的志向是想要做一个科学家，明天我的志向是想要做一个经济学家，后天我的志向是想要做一个企业家；你看学生的志向过两年就变了，大一的时候是一个志向，大二的时候又是一个志向，大三、大四他就没志向了，将来能找个工作就行了。这是小人，他立的志向是贪图利禄。只要立真志成为圣贤，你就会真干。"**君子立长志。**"他立这个志向之后不会改变，他就会努力去干，就会努力向上。就好比在一个艰难的路上他会曲折前行，即使再难他也会努力，只要有正确的目标，他就能够一直走到终点。

"大有事在"，你一生成圣成贤这才是大事，不是说你找一个好工作。你看现在那些博士毕业的、硕士毕业的，他们读了很多年书，结果到头来可能还不如自己的小学同学。小学同学小时候不读书，出去打工，说不定成了大老板，这些读了很多书的同学反而给他打工。这样的社会现象有啊！要知道你赚多少钱，这个由你自己一生的福报决定，不是你求就能求到的。你看大学里面的很多教授，他们教人如何赚钱，自己却未必有钱，就是每个人的命运不一样的缘故。

过去曾国藩先生教育他的儿子，跟他们讲，你一生做官，求做官，求功名，命里有你才能求到，命里没有你求不到的；但有一件事你能求到，那就是做圣贤，你自己能求到。所以我们一定要立这个志向，就是要做圣贤。朱熹朱夫子所以讲"诸君勉旃"，就是大家要勉励自己，努力去做，努力真干，真正确立这样一个志向！

激励一生的立志名言

最后我们再来看几句名言,这是古人立志的名言。教我们一定要立一个圣贤之志。

宋朝的苏东坡就讲:"**古之立大志者,不惟有超世之才,亦必有坚韧不拔之志。**"你看古代这些能成就大事的人,不仅有超出常人的才华,更重要的是有坚韧不拔之志。要知道这个才华人和人相比,不可能差到哪去,不见得每个人之间智商有多大的差别,最大的差别是什么?他有没有志向,有了志向能不能坚持。"君子立长志,小人常立志。"真正有志向的人,立一个志向绝对不改变,真正是坚韧不拔,不达目标誓不罢休;而小人,则是今天遇到点困难志向便改了。

明朝有一位大哲学家叫王阳明,他就曾经讲:"**志不立,天下无可成之事。故立志者,为学之心也;为学者,立志之事也。**"如果你没有志向,天下没有一件事能够做成。不管你做什么,不仅读书要有志向,做任何事业也都要有一个志向。人要有心,一个人没有心叫衣冠禽兽。人跟动物的区别就是人有心。我们读书的,这个志向好比是我们的心,没有志向就等于无心。那你读书怎么能有

> **延伸阅读:**
>
> 王守仁(1472—1529),幼名云,字伯安,浙江绍兴府余姚县人。封新建伯,谥文成,人称"王阳明"。明代最著名的思想家、文学家、哲学家和军事家,是陆王心学的集大成者,不但精通儒、佛、道,而且能统军征战,是中国历史上罕见的全能大儒。
>
> 王阳明一生事功也是赫赫有名,故称之为"真三不朽"(太上有立德,其次有立功,再次有立言,虽久不废,此之谓三不朽)。其学术思想在中国、日本、朝鲜半岛以及东南亚国家乃至全球都有重要而深远的影响。

成就？为学就是读书学习，读书是立志之事，读书是为了成就自己的志向。这个志向我们前面讲过，"志"字上面是一个"士"下面是一个"心"，这个"志"是士人的心，什么意思？在《论语》里讲："士不可以不弘毅。"士人就是要弘扬道，弘扬圣贤的教诲，"为天地立心，为生民立命，为往圣继绝学，为万世开太平"。

明朝还有一位才子叫唐寅，就是唐伯虎，他讲过："**男儿立志三步曲：齐家，治国，平天下。**"第一个是齐家，就是要把我们的家齐好，让我们的家和谐和睦。从哪做起？从孝开始。把家齐好才能治国。过去的国是小的诸侯国，现在讲好比是我们的单位，能把家齐好才能把单位治理好，你才能让天下和谐，真正为天下人服务。这个根本在哪？"齐家之本在修身"。修身要以德为本，以孝为本。

孙中山先生讲过："**年轻要立志做大事，不要立志做大官。**"立志要做大事，大事是什么？就是为天下人谋福利，为往圣继绝学，弘扬圣贤教育。如果你想升官发财，那都是小事。不要立志做大官，做大官未必能做大事，做大事不一定非要做大官。

古人常讲："**取法乎上，仅得其中；取法于中，不免为下。**"你要志在做圣人，即使你做不到圣人你也可能做一个君子；如果你的志向只是做一个平常人，只要不违法乱纪就行了，说不定很难做到。所以，一定要有远大的志向。从小有这个远大的志向，以这些圣贤人作为我们的楷模，常常读圣贤的经典，常常看圣贤的故事，激励自己，我们的一生一定会有成就。

第二章
孝道是激发读书的原动力

读遍天下书，无非一孝字

我们这一讲专门讲孝道。古代但凡成就一番事业的读书人，无论是在朝为官的，还是在学术上有成就的，他们都有一个共同的特点，那就是特别孝顺。**一个人孝顺，他才能够有成就，因为这是我们取得人生成就的根本**。没有孝道，不孝顺父母，你成绩再好，即使你将来做了高官，甚至赚了大钱，可能结果都不会很好。做高官有可能成为贪官污吏，最后锒铛入狱；赚了很多钱，最后有可能身败名裂。当然，这有各种原因，但是根源就是缺乏孝道。

清朝大儒曾国藩曾经讲过一句话："**读遍天下书，无非一孝字。**"这个天下书，是他那个时候的人读的圣贤书，现在的天下书各种书都有，乱七八糟的书都有。所以，我们要读圣贤书。圣贤书讲来讲去，核心一点就是一个"孝"字。孟子也讲，"尧舜之道，孝悌而已矣。"尧舜是我们中国历史上的大圣人，他们能够把天下治理得安定和谐，而且是无为而治。他们靠的是什么呢？靠的就是孝悌。现在的年轻人有各种人生目标，但要实现这些目标，我们要有一个根。你看一棵树，要想长得茂盛，根部要很发达，根深才能叶茂。一个人要有成就，我们的成

> **延伸阅读：**
>
> 曾国藩（1811—1872），初名子城，字伯涵，号涤生，谥文正，湖南长沙府湘乡县人。晚清重臣，湘军的创立者和统帅者。清朝战略家、理学家、政治家、书法家、文学家，晚清散文"湘乡派"创立人。晚清"中兴四大名臣"之一，官至两江总督、直隶总督、武英殿大学士，封一等毅勇侯，谥曰文正。毛泽东曾说："予于近人，独服曾文正。"表达出对这位已故乡人的推崇之情。

就就好像一棵树的花和果，你要开花结果就要有根。人的根在哪里呢？人的根在父母身上，人的根就是孝道。所以，我们希望自己人生有成就，就要从这里下手，就是学孝悌，落实孝悌。

我先给大家讲一个故事，叫"陆绩怀橘"。在汉朝的时候，有一个小孩叫作陆绩，他的父亲叫作陆康，是庐江知府，跟袁术很好。当时陆绩六岁，一次他跟父亲陆康去拜访袁术，袁术就端了一盘橘子给陆绩吃。陆绩趁人不注意，暗暗地把三个橘子装进了袖子里面，自己没吃。临走时，小陆绩就向袁术作揖拜谢，结果一作揖时袖子里的三个橘子掉在了地上。袁术见了哈哈大笑，就问小陆绩："你来我们家做客，竟然暗地里藏了橘子回去，你不怕别人说你是来偷橘子的吗？"这个小陆绩听了，既不好意思又觉得特别难过，就扑通一声跪在了地上，回答说："这是因为我的母亲。因为我母亲特别喜欢吃橘子，但我们那个地方，很少有这种东西，所以我想带几个回去给母亲吃。"袁术听了之后特别感动，觉得不可思议，一个六岁的小孩竟有如此孝心。

我们现在很少有这样的人了。现在是父母把家里吃的东西藏起来，我们还去偷；不是偷东西给父母吃，而是偷家里父母不让我们吃的东西。你想想我们现在的人跟古人的差别有多大。陆绩小时候就这么孝顺，长大以后他的成就自然也就不凡。他的学问非常渊博，特别是天文历算，曾作《浑天图》，还注解过《易经》，也曾入朝为官，而且特别勤政爱民。正是因为陆绩有这种孝顺的德行，所以才会有他后来的成就。

> **延伸阅读：**
>
> 陆绩（187—219），字公纪，吴郡吴县（今苏州）人，汉末庐江太守陆康之子。陆绩成年后，博学多识，通晓天文、历算，星历算数无不涉览。孙权征其为奏曹掾，常以直道见惮。后出为郁林太守，加偏将军。在军中不废著作，曾作《浑天图》，注《易经》，撰写《太玄经注》。

我国的传统文化，儒、释、道三家都特别强调孝道，这是中华文化之"根"。

我们先来看看儒家是如何谈"孝"的。"十三经"里面有一部经叫作《孝经》，在两千多年前的春秋时代，孔老夫子和他的学生就专门讨论了这个问题。有一天，夫子闲坐着，他的学生曾参在旁边侍奉，夫子就问：**"先王有至德要道，以顺天下，民用和睦，上下无怨。汝知之乎？"** 夫子问曾子，古代这些先王，有一至高无上的德行，特别重要的道理，能够用来教化天下，让天下和顺，百姓和睦，尊贵和卑微的人都能够相爱，没有怨言。你知道不知道？

这个时候，曾子看到老师讲这么重要的问题，立刻站起来，离开座位，恭恭敬敬地在夫子面前讲，"弟子不聪敏，哪能知道这种重要的道理，希望老师给我们细细讲解。"夫子这一问，曾参这一请教，就讲出了我们中华文化的根本，就是这个"孝"字。

在《孝经》里，夫子讲：**"夫孝，德之本也，教之所由生也。"** 孝道是德行的根本，一切的教化都是从这里产生的。中华文化教人什么？首先教人孝。《孝经》里面讲："自天子至于庶人，人之行莫大于孝。"从天子到普通百姓，人的行为最重要的就是孝道！孝道不管你是小孩还是大人，一生都要学习，都要落实。

古代帝王孝敬父母的故事

古代的不少帝王,他们就给我们做了这样的榜样,比如我们知道的周文王。周文王没继承王位之前,还是太子的时候,他对父母就特别敬爱,每天早、中、晚三次去问候父亲,从不间断。早晨鸡初叫的时候,整理衣装去向父亲请安,中午又请安,晚上再去问安。听到父亲安康,心里就欢喜;知道父亲身体欠安,就特别担忧,并且努力帮助父亲解决不安的因素,然后才放心。对父亲的饮食也特别注意,对饭菜的冷热、饭量的多少都特别关心。这就是中国传统文化童蒙读本《弟子规·入则孝》里面讲的"晨则省,昏则定"。"晨则省",就是早晨要去看望父母,要向父母问好;"昏则定",就是晚上回家也要入室向父母报告、问候。周文王一天三次去问候父亲,这么小的事情,我们有几个人能做到啊?常常是父母已起来了我们却还在睡懒觉,等到父母起来给我们做好吃的,我们自己才起来,这违背做人之道啊。

周文王能够体贴父母,有孝道,所以他后来能以德治国。周朝在中国历史上是统治时间最长的,有800年,这都是由于在上位的领导,能为百姓做出榜样,行孝道的结果。周文王能如此行

> **延伸阅读:**
>
> 周文王(前1152－前1056),姬姓,名昌,季历之子,华夏族(后汉族)人,西周奠基者。其父季历死后,继承西伯之位,故又称西伯昌,共在位50年。
>
> 他建国于岐山之下。在位期间,收附虞、芮两国,攻灭黎(今山西长治)、邘(今河南沁阳)、崇(今河南嵩县)等国,建都丰邑(今陕西西安),为武王灭商奠基,旧传《周易》为其所演。

孝道,他的儿子周武王对文王也非常孝顺。所以我们自己能够孝顺父母,将来我们的孩子才能孝顺我们。

再讲一个帝王的故事,就是汉文帝侍奉母亲的故事。汉文帝名刘恒,他母亲是嫔妃,他原本不是太子,后来因为自己孝顺、贤能,被群臣拥立为皇帝。他继位之后没有一点骄慢之情,对自己的母亲薄太后非常殷勤体贴。薄太后有一次生病了,一病就是三年不起。汉文帝作为皇帝,每天都尽心尽力在床前照顾母亲,几乎没有好好睡过一觉,有时候连衣服都没解开,以备母亲随时召唤。每次汤药煎好了给母亲喝的时候,文帝都要自己先尝一尝。古代用药都是中药,文帝每次都要尝尝这药口味是不是适中,会不会太苦,会不会太烫,然后再给母亲服用。薄太后看在眼里,特别感动,心疼自己的儿子,就讲:"宫里这么多人都可以照顾我,你就不用这么操劳了。我这个病也不是两三天就能好的,以后叫宫女服侍我就可以了。"汉文帝就跪下来跟母亲讲:"孩儿如果不能在您有生之年亲自替您做点事,什么时候才有机会报答您的养育之恩啊?"俗话讲,"久病床前无孝子",汉文帝虽然贵为天子,但却成了久病床前的孝子。汉文帝作为一个帝王,他能够这么孝顺,所以他才能够成就"文景之治",把汉朝带向了兴盛。天子能够行孝,教化人民,所以国家就太平,风调雨顺,人民生活安定。

> **延伸阅读:**
>
> 汉文帝刘恒(前202—前157),汉朝第五位皇帝,汉高祖中子,母薄姬,汉惠帝之庶弟。公元前196年刘邦镇压陈豨叛乱后,封刘恒为代王。
>
> 汉文帝即位后,励精图治,兴修水利,衣着朴素,废除肉刑,使汉朝进入强盛安定的时期。当时,百姓富裕,天下小康。汉文帝与其子汉景帝统治时期被合称为"文景之治"。后元七年六月己亥,汉文帝崩于长安未央宫,死后葬霸陵。

久病床前有孝子

在我们现代社会，同样也有这样孝顺的事例。比如我们认识的一位大孝子，大连的王希海老师，他20多年照顾植物人父亲，无怨无悔。他父亲从瘫痪到去世，20多年，身上没有一个褥疮，不仅肌肉没有萎缩，而且还有80多公斤的体重。医生给他父亲检查身体的时候，都感叹不已，这个是护理学上的奇迹啊！一般人哪能做到？

王希海老师的父亲1980年的时候成了植物人，王希海当时只有23岁，家里母亲身体也不好，弟弟又残疾没有工作，所以他当时放弃了出国工作的机会，专门请假照顾父亲。他当时在心里向父亲承诺，一定把父亲照顾到80岁。从那以后，他每天晚上半个小时就给父亲翻一次身，为让父亲舒服，他用八个枕头垫在父亲的后背、腿等各个位置。而且为了照顾父亲，他没有成家，把自己的事情完全放下了，以照顾父亲为第一位。曾经有这样一个细节，就是他父亲有的时候咳嗽，嘴里面有痰，因为他父亲是植物人，这个痰得想办法弄掉，他瘫痪了又不能够吐，王希海就用管子，把这个管子一头伸在父亲的嗓子里，一头放在自己的口头，把他父亲的痰一口一口给吸出来。很多人觉得很恶心，但是他为了父亲什么都能做。现在他的父亲已经过世了，王老师为了社会，为了天下人，就出来弘扬孝道，号召人们都学孝子；而且他到各地去公益讲课。大家都可以在网上看到他的事迹，这是一个现代孝子的榜样。王希海老师讲课完全是公益的,他自己讲,我不能以照顾父亲的名义敛财。很多人要给他钱,他都拒绝。这是真正的孝道!这就是儒家讲的:"夫孝,德之本也。"

孝敬父母是第一大事

《孟子》里面讲:**"事孰为大?事亲为大。"**什么事情最大呢?孝养父母、孝敬自己的父母最大。古人常讲:**"水有源,木有本。父母者,人子之本源。"**水有源头,木有根本,人的根本是什么?人的根本是父母。

> **延伸阅读:**
> 孟子(约前372—前289),名轲,邹国(今山东省邹城市)人,战国时期伟大的思想家、教育家、政治家。儒家的主要代表之一。他在政治上主张法先王、行仁政;在学说上推崇孔子,反对杨朱、墨翟。

宋朝的时候,有一个才子叫黄庭坚,也是个大学问家,特别擅长书法、绘画,诗也写得很好。他做过县长,后来做过国家太使。他特别孝顺,侍奉年老的母亲特别殷勤,每天亲自给母亲洗马桶。本来这个工作他可以要仆人去做,但是他坚持自己做,而且做得很认真,洗得特别干净。因为他知道,自己的母亲平生最喜欢洁净,如果让仆人去做,怕不能尽心如意。所以他亲自动手,让母亲身欢心喜,日复一日,没有疲厌。他当时是官员,而且是著名的文人,经济上奉养母亲不成问题,但是他却亲自照料母亲,对母亲关怀备至。

> **延伸阅读:**
> 黄庭坚(1045—1105),字鲁直,自号山谷道人,晚号涪翁,又称豫章黄先生,洪州分宁(今江西修水)人。北宋著名诗人、词人、书法家,为盛极一时的江西诗派开山之祖。而且,他跟杜甫、陈师道和陈与义素有"一祖三宗"(黄为其中一宗)之称。诗歌方面,他与苏轼并称为"苏黄";书法方面,他则与苏轼、米芾、蔡襄并称为"宋代四大家";词作方面,与秦观并称"秦黄"。

所以，他的孝行后来被列为"二十四孝"的典范。

黄庭坚照料母亲是古时士人孝顺的例子。我们再举一个古代平民的例子。

西汉末年，有个平民叫蔡顺，他父亲很早去世，他侍奉母亲特别孝顺。当时王莽篡位，天下大乱，又连年饥荒，收成特别不好，缺乏粮食，蔡顺只好到野外去采集一些桑椹给母亲吃。采桑椹的时候，他把熟透的放在一个篮子里，把不熟的放另一个篮子里。有一次，他在采桑椹的时候遇到强盗，这个强盗就好奇，你采的果子为什么分两个篮子放？你这样不是很麻烦吗？为什么不装在一起？蔡顺就回答讲，这个黑色的桑椹比较甜，这是给母亲吃的；红色的还没有熟，比较酸，这是留给自己吃的，所以分成两个篮子放。这个强盗听了就很感动，本来是要抢劫他的，但由于生起了这种同情心，不但没有抢劫他，还送给他一些白米和肉，但是蔡顺很有气节，婉言谢绝了，没有接受。

蔡顺的故事，也被列入"二十四孝"。蔡顺孝敬母亲，虽然遇到饥荒，但是这个孝心丝毫没改。很多人在顺境时能孝敬父母，但一遇到烦劳、遇到逆境时对父母就不孝顺了，甚至自己不高兴还对父母发脾气。这个就是没有真正的孝心。所以，不管我们处于什么位置，都要能够孝敬父母。不是说我们现在在读书，就能够不孝敬，等考取功名后再来孝敬父母。要知道，等你长大之后，不一定还有侍奉父母的机会。古人常讲，"树欲静而风不止，子欲养而亲不待"，我们一天一天地长大，父母就一天一天地老去。所以，孝顺不分时间，不分早晚，一定要及时行孝。

所以，孔老夫子在《孝经》里面讲：**"夫孝，天之经也，地之义也，民之行也。"** 孝是天经地义的事情啊，是人自然有的行为。

《三字经》里面讲："三才者，天地人。"在中国传统文化里面，用乾代表父亲，用坤来代表母亲；乾是代表天，父亲就是家里的天，母亲就是家里的地，叫乾父坤母。我们要感恩父母的恩德，有了父母才会有了我们；一个人能够行孝，才能够和天地相配，才能够真正会有成就，才能够真正获得道德学问。

在《孝经》里面，曾子又问夫子："**敢问圣人之德，无以加于孝乎？**"这个圣人的德行，有没有比孝的德行更高的？夫子讲："**夫圣人之德，又何以加于孝乎？**"就是夫子回答说，圣人的德行没有超过孝道的。任何一个人，圣人之道就是孝道的极致，你能孝到极致，你就能够真正做到不仅孝敬自己的父母，还能够孝敬天下人，能够用孝治理天下，让天下和谐，国泰民安。

我们大家都知道，"二十四孝"里面的第一个故事"孝感动天"，这是讲大舜的故事。舜从小母亲就去世了，他的父亲给他找了一个后母，后母又给他生了一个弟弟叫象。他的父亲、后母、弟弟都想害死他，都不喜欢他。舜对此并没有丝毫的怨恨，他总是反省自己，是我自己做得不好，不能得到父母的欢喜，于是格外地孝敬父母。有一次，他在地里挖井，挖井的时候，他的父母和弟弟就在上面填土，想把他埋死，结果舜因为有挚诚的孝心，他早就预料到了，所以他在井内侧边挖了一条地道，他就从地道里面爬出来了。爬出来之后，他没有责怪父母，没有责怪弟弟，还是照样行孝。又有一次，他在屋顶上检瓦，他的弟弟就在下面点火，把这个房子点着了，想把大舜给烧死。大舜也是早就预料到，所以他就戴了一个大斗笠，披着蓑衣

> **延伸阅读：**
>
> 舜帝是中国上古"三皇五帝"中的五帝之一。姓姚，名重华，字都君。舜为四部落联盟首领，以受尧的"禅让"而称帝于天下，其国号为"有虞"。帝舜、大舜、虞帝舜、舜帝皆虞舜之帝王号，故后世以舜简称之，其后裔以姚姓为主脉。

从屋顶跳了下来，自己丝毫无伤。大舜并不是怕死，他是真正明白孝道，孝道第一个根本就是要保护好自己的身体，不能够让自己的身体受到伤害。而且，如果他被烧死了，被埋死了，也是增加他父亲和弟弟的过失，是陷父亲和弟弟于不慈不悌，所以他保全了自己的身体，也就是《孝经》讲的**"身体发肤，受之父母，不敢毁伤"**。所以再困难的情况，他都没有怨言，都是反省自己。最后，他的孝行感动了天地，他在犁田耕种的时候，大象和小鸟都来帮助他，叫作"象耕鸟耘"。他的孝行也感动了周围的百姓，感动了当时的尧帝。所以尧帝把两个女儿嫁给了他，让九个儿子跟他同事，看他在家和在外的德行如何，最后让他代理行使天子之位，后来又把帝位禅让给了他。

舜帝就是因为行孝道，从一个平民最后得为天子，富有四海。所以，《中庸》里面讲，舜帝有大德，**"大德者必得其位，必得其禄，必得其名，必得其寿"**。你有至德，这个至德就是至孝，你孝到极点，你这个孝行就能够光于四海了，通于神明了。《孝经》上讲：**"孝悌之至，光于四海，通于神明，无所不通。"**所以，中华文化虽然很多，但是总结起来就是一个"孝"字。儒家对孝的含义的理解，给我们讲得非常清楚。

父母对子女的十种恩德

中国传统文化主要有儒、释、道三大家。佛家也是给我们讲孝道。这个"佛"有两个意思，翻译成中文的佛是觉悟的意思，这个"佛"也代表圆满的福德和智慧。福德和智慧圆满的人叫作佛，指一个觉悟的人，也指佛家的圣人、佛家的创始人释迦牟尼佛。释迦牟尼佛曾经是太子，他父亲是当时印度一个国家的国王。他做太子的时候，看到人有生老病死，就决定舍弃宫廷富贵的生活，出家求道。经过五年参访，拜师求学，又经过六年的苦修，在树下悟道，他终于成佛，证得圆满的智慧。他成佛以后，一生就是讲经教学，推行教育。佛教就是释迦牟尼佛的教育，佛陀一生讲经说法49年。孔子教学时间短，只有5年，释迦牟尼佛教了49年。

> **延伸阅读：**
>
> 释迦牟尼佛，意为"释迦族的圣人"。原名乔达摩·悉达多，古印度迦毗罗卫国释迦族人，佛教的创始者。成佛后被称为释迦牟尼佛，被尊称为佛陀，意思是对宇宙人生真相彻底的了知、大彻大悟的人。

在佛经里面有一部经叫作《父母恩重难报经》，里面就讲了妇女从怀胎一月到十月经历的辛苦，讲了这个胎儿吸收母亲精华的情况，讲出了父母对子女的十种恩德。你看我们自己平时都不知道，佛为我们讲。

第一，怀胎守护恩。佛告诉我们，这个胎儿在母腹中逐渐长大，让母亲有一种山压下来的沉重感。如果这个胎儿在母腹中乱踢乱动，做母亲的会有地震风灾的感觉，母亲心惊肉跳，担忧腹中的胎儿，根本没心思为自己打扮，而且不能够用化妆品，不能够用手机。

第二，临产受苦恩。十月怀胎熬过去之后，一朝分娩，就像生重病，母亲生孩子的时候那个苦啊，那真的是无法形容，但是母亲还是时刻牵挂，希望自己孩子能够平安降生。母亲太伟大了，父母为了生养我们，不知受了多少苦。

第三，生子忘忧恩。母亲生孩子时，经过了一场生死挣扎的痛苦，但孩子生下来之后，知道小孩平安无事，就不以苦为苦了，脸上就露出笑容了，自己再苦，只要听到孩子平安，母亲心里就是快乐的。

第四，咽苦吐甘恩。父母为孩子，对子女的照顾不分昼夜，对子女的爱真的无法用言语来表达，只要自己的孩子能够健康，能够温饱，父母受多大苦都可以，咽苦吐甘，苦自己吃，福让子女享。

第五，推干就湿恩。我们小时候常常尿床，弄得被褥也湿了，父母就把干的地方给我们睡，湿的地方他们自己睡，这叫推干就湿。在生活中父母也是如此，总是把好的东西给我们，自己没吃好、没睡好都没有怨言，只是希望子女平安健康。

第六，哺乳养育恩。父母对我们的恩德就好像天地，父亲是天，母亲是地，我们被父母的爱所覆盖滋养，你看天地之间植物、动物都受天地的哺育。我们从小受父母的哺育，从一点点大到我们长大成人，父母每天都是无微不至地关怀。

第七，洗濯不净恩。父母为孩子每天洗涤操持家务，这个恩也说不尽。他们每天给小孩洗衣服，而且要洗多少年啊？本来很柔嫩的手，为了给孩子洗各种不净的东西，手变得粗糙了。我们一点一点长大，父母就一点一点变老。

第八，远行忆念恩。孩子到很远的地方去读书求学，或者是工作，母亲早晚挂念，祈求儿女一路能够平安，真是儿行千里母担忧呀。可是，现在有些孩子不懂事，离家出走，出去之后毫无音讯，不知父母在家伤心落泪，多么难过。

第九，深加体恤恩。做父母的看到子女受苦受累，总是想办法帮助子女，希望能为子女分担。看到子女辛苦，父母总是心烦，正如佛所说："子苦愿代受,儿劳母不安。"孩子吃苦,父亲愿意代受;儿子辛劳,母亲心里不安。父母的恩德真的是永不枯竭,对子女的爱总是源源不断。

第十,究竟怜悯恩。古人常讲:"母年一百岁,常忧八十儿。欲知恩爱断,命尽始分离。"父母对子女的恩是伴随一生的,母亲一百岁了,还担忧那个八十岁的儿子,真的是古人的诗里面讲的"**春蚕到死丝方尽,蜡炬成灰泪始干**"。父母对子女的爱真的是永恒的,永远关心子女。

所以,我们读了佛祖的教诲,才知道自己真正是常常不懂得父母的恩德;读了这些教诲,才知道自己是忘恩负义的人。你看,我们今天的社会上有多少人为求功名,为了妻子,为了金钱,为了自己的欲望而疏远父母!甚至嫌弃父母,背离父母,虐待父母。

要知道父母的深恩,我们穷尽一生都报答不了。佛在经中讲了:"**假使有人,左肩担父,右肩担母,研皮至骨,穿骨至髓,绕须弥山,经百千劫,血流决踝,犹不能报父母深恩。**"就是一个人左肩担着父亲,右肩担着母亲,把这个皮都磨破了,磨到骨髓了,绕着这个须弥山转,须弥山有整个银河系这么大,是世界的中心。你这么转,经百千劫,这个时间很长很长;血流决踝,就是全身流血,还不能够报答父母的恩德。所以,这个父母的恩德是无穷无尽的。释迦牟尼佛,他也是如此。他为什么要出家,就是看到世间的人很苦,有生老病死苦,希望世人能够从生老病死苦中解脱出来,明了宇宙人生的真相,并启发他们的智慧,让人人能够彻底脱离苦痛。

后来,释迦牟尼佛的父亲去世的时候,释迦牟尼佛就守在他的身边，安慰他、开导他，让父亲放下一切的忧虑烦恼，教他念佛，教他到一个好的世界去，给父亲临终的关怀。父亲过世之后，佛亲自抬棺材，安葬了自己的父亲。

佛在另一部经里面教导我们，教我们要孝养父母，这是世间成圣成贤的正因。所以，要有圆满的智慧，第一步就是孝养父母。

古代有一首诗："慈母手中线，游子身上衣。临行密密缝，意恐迟迟归。谁言寸草心，报得三春晖。"这是孟郊的《游子吟》。这首诗我们大家都读过，诗中讲的是一件生活当中特别平常的事情，这个儿子要出远门，母亲为他缝衣服，一针一线密密地缝，就怕缝得不结实。因为儿子外出不知道什么时候回来，母亲想要是缝得不牢固，儿子离乡背井在外会不方便。就是这么一件小的事情，母亲的爱无微不至，这种关怀融到里面。所以，诗人感叹讲"谁言寸草心，报得三春晖"，母亲的恩德就像太阳，我们做子女的就像小草，这个小草如何能报答父母的恩德？这是释迦牟尼佛，把父母的恩德给我们讲清楚，父母的恩情比山高，比海深，我们为人子女，真正要孝顺父母。

> **延伸阅读：**
>
> 《游子吟》是唐代诗人孟郊最为脍炙人口的诗作。全诗共六句，三十字，采用白描的手法，通过回忆一个看似平常的临行前缝衣的场景，凸显并且赞颂了母爱的伟大、无私，表达出了诗人对母爱的感激以及对母亲深深的爱与尊敬。此诗情感真挚自然，千百年来一直广为传诵。

不善莫大于不孝

下面我们再来看道家，道家同样也讲孝道。道家的代表人物就是老子。老子和孔老夫子一样都是周朝时代的人，老子比孔老夫子年纪要大。历史上有记载，孔子曾经向老子请教礼乐制度。老子在《道德经》里面曾讲："**六亲不和，有孝子。**"一个家庭不和睦，这个孝顺的子女就特别可贵。道家还有一部教人"断恶修善"的著名经典，是我们所讲的儒释道三个根本之一——《太上感应篇》的，跟我们讲因果的道理。开篇就说："**祸福无门，惟人自召；善恶之报，如影随形。**"就是讲一个人有善报、恶报、祸福，都是自己造作的，是自己干出来的，所以他教人："**所谓善人，人皆敬之，天道佑之，福禄随之，众邪远之，神灵卫之，所作必成。**"就是一个行善的人，起码要做到孝、悌、忠、信，能忠信国家，孝敬父母，友爱兄弟姐妹。这样的人大家都会尊敬他，上天会保佑他，福禄不求自来，凶恶会远离他，神灵会护卫他，做任何事情都能成功。有没有这样的例子？有！我们前面讲的舜帝，你看他孝到极致，他的弟弟后母想加害他，几次都害不到，这就是"众邪远之"；最后做到了天子，"德为圣人，尊为天子，富有四海之内"，这就是"福禄随之"，做什么事都能够长久。

在道家，还有一位著名的大德叫吕洞宾。我们知道"八仙过海"，"八仙"其中有一位就是吕洞宾。他有一篇《劝孝文》就讲道："**世之人，善莫大于孝，不善莫大于不孝。**"最大的善没有比孝更善的，古人讲"百善孝为先"；"不善莫大于不孝"，最大的不善就是不孝敬父母。你不孝敬父母，你的人生不可能有成就。老子在《道德经》里面讲过，"六亲不和，有孝子"，在一个六亲不和的家族里面，有行孝的人才是最难能可贵的。你看舜帝，他是一个耕田的人，他家

延伸阅读：

吕洞宾，原名吕嵒，字洞宾，道号纯阳子，于唐德宗贞元十二载丙子年（796年）农历四月十四生于永乐县招贤里（今山西省芮城县永乐镇），是著名的道教仙人，八仙之一，道教全真派北五祖之一，全真道祖师，钟、吕内丹派、三教合流思想代表人物。

里父母对他不好,但是他真能够行孝。他能行孝,就招感福禄,最后成了天子。历史上那些凡是有大成就的人,很多都是孝子。

"不善莫大于不孝"。古代也有例子。古时有一个人叫作原谷,他父母嫌自己的父亲年老多病,就把奄奄一息的父亲放在破车上,推到山林里面想去扔掉。原谷此时十五岁,他劝父亲说:"爷爷生儿育女,一辈子勤俭度日,你怎么能因为他老了就抛弃他呢?这是忘恩负义啊。"父亲不听他的劝阻,做了一辆小推车,载着爷爷扔在了野外。原谷在后边跟着,就把小推车单独带了回来。父亲问说:"你带这个凶具回来做什么?"原谷说:"等将来你们老了,我就不必另外再做一辆,所以现在先收起来。"你看这个话多可怕,这个不就是"善恶之报,如影随形"吗?种瓜得瓜,种豆得豆,你种不孝的因,将来就得不孝的果。这个故事在中国各地都有流传。

下面我们再来看一个例子,有一个特别有名气的算命先生,叫作冯赓,他给别人算命都算得很准,所以特别闻名,收入也丰厚。他给自己算命,命里面有两个儿子,而且其中一个能显贵。但是当时他已经50多岁了,两个儿子一个也没显贵,而且都是赌博成性,不务正业,他心里就特别痛苦。他听说武夷山上有一个道人,叫依木道人,修行很好,能够知祸福,就前去参拜请教。他说明来意以后,依木道人就跟他讲:"命之不灵,乃心术之变也。为人莫重于孝。汝得罪天条久矣。汝生平鲜衣美食,钟情妻妾,而于父母之奉,意甚寥寥。身非汝妻妾所生,何不思木本水源乎?汝能以爱妻子之心事亲,可以息鬼神之怒。"这位依木道人,是当时武夷山特别有名的道长,他就教导冯赓,讲:"你算的命不灵了,是你的心变了。人一生第一件要做的事就是孝道,而你的不孝已经得罪上天了。你生平吃得好，穿得好，宠爱妻妾，对父母非常刻薄。你要知道，你的身体从哪里来的？是父母所生的，不是你妻妾生的。如果你以爱妻子的心来侍奉父母，就能够转回命运。冯赓听了之后，就拜谢回去了，从此将功补过，孝敬双亲，不敢怠慢。慢慢地，他的俩儿子也就回头了，变得纯良了，能听父母的教诲，保住了家业。

这个就好像《太上感应篇》里面讲的："**其有曾行恶事，后自改悔。诸恶莫做，众善奉行，久久必获吉庆，所谓转祸为福也。**"你如果曾经做过恶事，后来能够改正，能够悔过，能够不做恶事，行善事，久而久之，你就能够得吉庆，就能够转祸为福。如果我们以前有不孝父母的举动，现在要改悔。所以吕祖在著名的《劝孝文》里面讲道："**我能孝，自无逆子。子能孝，自无逆孙。绳绳克继，叶叶永昌。善孰大焉？利孰厚焉？**"意思是讲，我能够孝顺，给孩子做好榜样，自然就不会有不孝的儿子。儿子能孝顺，自然就没有不孝的子孙。一代一代就能够把家道传下去，这是最大的善事，是最丰厚的利益。这是从道家，从因果感应的规律，我们认识了孝道的重要。

> **延伸阅读：**
> 《太上感应篇》是道教的经典著作之一。旨在劝善，简称《感应篇》，作者不详，其内容融合了比较多的传统民族思想，树立了人在世上的正确形象，许多内容至今仍然具有很积极的意义。

为人子该如何行孝

孝是做人的根本，是百善之先，是人间第一事。我们在生活中应该怎么做呢？

孔夫子在《孝经》里面告诉我们："孝子之事亲也，居则致其敬，养则致其乐，病则致其忧，丧则致其哀，祭则致其严。五者备矣，然后能事其亲。"意思是讲，一个孝子侍奉双亲，对父母的日常生活起居要能够尽自己的恭敬心，用欢喜心供养父母，让父母心情愉快；父母有病，要及时提供治疗，每天侍候父母，不能够离开，如《弟子规》上讲的"亲有疾，药先尝；昼夜侍，不离床"；父母去世之后，要给父母临终的关怀，而且要认真办好丧事；父母去世以后，每年还要严肃认真地祭祀，常常感怀父母的恩德。这五条都具备了，才叫真正做到了侍奉双亲。

我们读《论语》，看到很多夫子的弟子来请教孝的问题，夫子对不同的人，有不同的回答，《论语》里面都有记载。

鲁国有一个大夫，叫孟懿子，他来问孝，夫子回答讲："无违。""生，事之以礼；死，葬之以礼，祭之以礼。"意思是对父母不要违背礼节。父母在世的时候，要尽子女的责任，事奉、供养他们；死的时候要按礼节埋葬，按礼节祭祀他们。《弟子规》告诉我们："丧三年，常悲咽。居处变，酒肉绝。丧尽礼，祭尽诚。事死者，如事生。"古代对父母行孝，要守孝三年。古代有很多子女，父母过世以后，都在父母的墓地守孝，常常流泪感怀。守孝不能够喝酒吃肉，更不能够夫妻同房。丧事要尽礼，按照古礼进行，要有恭敬心。祭祀时要有尊奉恭敬之心，对待死去的人要和活着的时候一样，就是孔老夫子讲的"祭如在"，祭祀他的时候，就好像他在我们的面前。

夫子在《论语》第十七章里面讲道："夫君子之居丧，食旨不甘，闻乐不乐，居处不安。"他居丧的时候，吃到美味也感觉不到好了，听音乐也不觉得快乐，住在家里也不感到舒适。从这里我们能够体会到，古代孝子对父母的那种深情。古人守孝三年，我们现代人不能理解。孔老夫子讲得很好："**子孙三年，然后免于父母之怀。夫三年之丧，天下之通丧也。**"你看，我们要三岁以后才能离开父母的怀抱，小时候都是父母抱着我们，我们替父母守丧三年，天下人都是这么说的，这都是很正常的回报。

中国传统祭祀祖先，一般都在清明节、中元节和冬至节，都要扫墓或供奉祭品。祭祀最重要的是，要培养我们的感恩心。孔老夫子教导我们："**慎终追远，民德归厚矣。**"你能够谨慎地给父母临终关怀、守护，又能够祭祀祖先，民风就能够变淳厚。

夫子还有一个学生，叫子游，他来问孝。夫子回答说："**今之孝者，是谓能养。至于犬马，皆能有养。不敬，何以别乎？**"孔老夫子讲，现在所谓的"孝"，只是养活父母而已。现在连狗、马都能够饲养，如果不敬重父母，那养活父母跟养狗、马有什么区别？这个问题，对我们现代人更是值得反思。你看，现在很多人养宠物，对宠物很好，对父母还没有对宠物好。对父母如果没有恭敬心，仅仅解决父母吃饭的问题，这不是孝。孟子讲："**不顺乎亲，不可以为子。**"你要对父母孝敬、恭顺，才配做儿女。

孔老夫子的学生子夏，有一次也问

> **延伸阅读：**
>
> 清明节是农历二十四节气之一，在仲春与暮春之交，也就是冬至后的第108天。中国汉族传统的清明节大约始于周代，距今已有二千五百多年的历史。清明节是一个祭祀祖先的节日，传统活动为扫墓。2006年5月20日，经国务院批准列入第一批国家级非物质文化遗产名录。
>
> 中元节，俗称鬼节、七月半，佛教称盂兰盆节。民间传统节日，"中元"之名起于北魏，时在农历七月十五日，部分在七月十四日。原是小秋，有若干农作物成熟，民间按例要祀祖，用新米等祭供，向祖先报告秋成。因此每到中元节，家家祭祀祖先，供奉时行礼如仪。
>
> 冬至，是中华民族的一个传统节日，早在二千五百多年前的春秋时代，中国就已经用土圭观测太阳，测定出了冬至，它是二十四节气中最早制订出的一个。这一天是北半球全年中白天最短、夜晚最长的一天。在这一天，中国北方大部分地区有吃饺子的习俗，南方有吃汤圆、吃南瓜的习俗。

孝，夫子就回答说："**色难。有事，弟子服其劳；有酒食，先生馔。曾是以为孝乎？**"夫子讲，在父母面前要保持和颜悦色，这是难能可贵的。有事情晚辈代为效劳，有酒菜先让长辈吃，难道仅仅这样就能算是尽孝了吗？比如说我们在家里，我们替父母做事，有好吃的给父母吃，但是对父母如果没有一个好的脸色，就不是孝道。孝道，要尊重，要和颜悦色，对父母真正有恭敬心。另外，在《中庸》里面夫子还讲道："**夫孝者，善继人之志，善述人之事者也。**"不仅是生活上要照顾父母，而且还要继承父母的志向，继续父母的事业。这个父母也包括我们的祖先，我们现在学习圣贤教诲，继承圣贤教诲，这都是在行孝。

对父母行孝，夫子讲的很多，我们总结三条：第一个是养父母之身，第二个是养父母之心，第三个是养父母之志。

第一，"养父母之身"。就是让父母的生活能够安定，能够吃好穿好，吃饱穿暖，能够照顾父母日常的饮食起居。在古代，有很多这样的例子。比如孔老夫子有一个学生，叫子路，家庭出身贫寒，经常吃野菜度日。但是，为了能让父母吃上饭，他不辞辛苦，走到百里以外背米回家，奉养双亲。后来双亲去世了，他周游列国，在楚国做了大官，家里的米堆积如山，随从的车辆数以百计，吃的都是山珍海味，但是子路特别伤感，没有心思享受这些。他讲："我的父母已经去世了，再也不能够承欢膝下了。虽然我想报答父母的恩德，但现在已经不能了。"所以，如果我们的父母健在，我们一定要及时行孝。古人讲："树欲静而风不止，子欲

> **延伸阅读：**
>
> 仲由，字子路，又字季路，春秋末鲁国人。孔子得意门生，以政事见称，性格爽直率真，有勇力才艺，敢于批评孔子。孔子对其评价很高，认为可备大臣之数，"千乘之国可使治其赋"，并说他使自己"恶言不闻于耳"。做事果断，信守诺言，勇于进取，曾任卫蒲邑大夫、季氏家宰，是孔子"堕三都"之举的最主要合作者之一。后为卫大夫孔悝家宰，在内讧中被杀。

养而亲不待。"所以，我们父母健在一天，我们就要好好照顾父母一天。

第二，"养父母之心"。我们除了要养父母的身体，还要让父母生活过得开心。前面是物质生活，这是精神生活。在"二十四孝"里面有这样一个故事：春秋时期，楚国有一个姓莱的人，年纪70岁了，大家叫他老莱子。虽然他70岁了，但是他父母也都健在，都90多岁了。老莱子特别孝顺，每天给父母提供的饭菜，都是柔软可口，便于老人们食用。他还特别体贴父母的心，从来不说自己老。他70多岁了，但是怕自己说老，父母会伤感。为了让双亲开心，他常常穿着色彩鲜艳的衣服，把自己扮成小孩，在父母身边玩耍，甚至翻跟头，逗父母笑，让父母开心，每天都生活得很快乐。这是"养父母之心"。现在的人，能够真的用收入供养父母，就很难得了，很少有人注意让父母活得开心。曾经有媒体采访，就是说你们怎么样孝养父母，很多人都说，我要给父母买好的房子，买好的车子，带他们去旅游；我要努力工作，多赚钱。又采访这些老人家，你希望子女怎么样孝顺你？父母就讲，他要能多回来看看我，多陪陪我，我就心满意足了。所以，父母不是要我们有多少钱财，如果你能够多陪陪他们，让他们心里开心，他们就高兴了。

在广州有一位叫徐育采的人，1993年从医科大学毕业，在一个护老中心工作，他就特别懂得让老人开心。他每个月拿自己的工资给这些护老中心的孤寡老人过生日，买礼物送给他们，让这些孤寡老人感受到亲人的关怀。这不仅是孝敬自己的父母，而且是孝敬天下的父母，真正做到了《弟子规》里面讲的"事诸父，如事父"。你看这个孝心多么感人！我们不仅要孝敬自己的父母，而且也要孝敬他人的父母。

第三，"养父母之志"。志是志向，父母希望我们做什么样的人，我们就要努力满足父母的愿望。我们大家可能都听说过"孟母教子"的故事。孟子从小就失去了父亲，母亲带着他搬了三次家。第一次是住在坟场附近，孟子就跟那些人学做丧事，敲锣打鼓的。他母亲一看，不行。又把家搬到了一个市场附近，结果孟子就跟着商人吆喝做买卖去了。后来就又搬到一个学堂附近。这个学堂的人读圣贤书，小孟子就受这些读书人影响，变得热爱学习了。孟母希望自己的孩子能够成圣成贤，因此有了历史上"孟母断机教子"的故事。有一次，孟子放学回来，他母亲问他学习学得怎么样。孟子说，"差不多吧！还是那个老样子。"说话时漫不经心，他母亲就很生气，就用剪刀把织好的布剪断来警告他："你要中断学习，就好比我把这个没织完的布匹剪断一样，就一事无成。"孟子听了母亲的教诲，从此发奋读书，最后终于成为了"亚圣"。这就是"养父母之志"。

在中国历史上还有这样一个例子，也是养父母之志。我们知道，《汉书》的作者是班固，但实际上《汉书》是由班固的父亲、班固和班固的妹妹三个人完成的。班固的父亲叫班彪，很有学问，他读了《史记》后特别感叹，赞叹司马迁写出这样好的作品，让中国的历史能够流传。可惜《史记》只记到汉武帝时期，于是班彪下决心把历史继续写下去。他收集了很多资料，经过长时间努力，终于开始写作。但是班彪寿命不长，只活到了52岁，还没写完就去世了。班

> **延伸阅读：**
>
> 班固（32－92），东汉官吏、史学家、文学家。史学家班彪之子，字孟坚，扶风安陵人（今陕西咸阳东北）。除兰台令史，迁为郎，典校秘书，潜心二十余年，修成《汉书》，当世重之，迁玄武司马，撰《白虎通德论》，征匈奴为中护军，兵败受牵连，死狱中，善辞赋，著有《两都赋》等。

彪的儿子班固受父亲的熏陶，学识也很渊博，决心继承父亲遗志，把《汉书》写完。结果，他一生遭受了种种挫折，但是依然没有放弃父亲的遗志。后来，他不幸遭到小人的诬陷，被判坐牢。在监狱里，他还是坚持写书。后来他被释放了，他仍旧继续在写。可惜，最后他也没有把这本书写完，在快要写完的时候去世了。班固的妹妹班昭，是一个很有学问的女子，她继承了父亲和哥哥的遗志，最终完成了《汉书》这部巨著。这就是夫子讲的"夫孝者，善继人之志，善述人之事者也"。所以，我们真正能够做到"孝养父母之身，孝养父母之心，孝养父母之志"，才是真正的孝顺。

在《感应篇汇编》这本书里面有一个例子，讲唐代有一个孝子叫崔沔，他的母亲双目失明，他到处为母亲求医治疗，不惜倾家荡产。他侍奉母亲30年，特别恭敬。晚上，甚至不脱帽子跟外衣，听到母亲召唤就马上提供服务。每当过年过节，或遇到良辰美景，大家相聚的时候，崔沔就扶着母亲赴宴，让母亲开心，和大家有说有笑，让母亲忘掉失明的痛苦。母亲过世以后，崔沔特别伤心，他祭祀母亲，决定为母亲终生吃素。他做官，收入很丰厚，但是他不把这个钱拿来自己享受，而是帮助他的哥哥和姐姐。崔沔讲："父母已经过世了，我没有办法表达对母亲的孝敬了。想到她老人家在世的时候，牵挂的就是哥哥、姐姐、侄子、外甥这些人。所以，我要好好地厚待他们，这样或许能够安慰母亲的在天之灵。"后来，崔沔官做到了中书侍郎，他的儿子崔佑甫，也成了贤明的宰相。这个崔沔真是孝

> **延伸阅读：**
>
> 崔沔，字善冲，唐朝诗人。京兆长安（今陕西西安）人，原籍博陵（今河北安平），进士出身。应制举，对策为天下第一，累迁祠部员外郎。睿宗朝转著作郎，开元中历秘书监太子宾客。二十七年卒，年六十七，赠礼部尚书，谥曰孝。

子啊。他的孝不仅孝养父母之身，也孝养父母之心，而且做到了孝养父母之志。我们真正要落实孝道，一定要学习古圣先贤的教诲。我们人都有各种贪欲，如不学习圣贤教诲，不明白道理，就只会天天为自己着想。你要真正做到孝道，就要放下这些。

所以，一个"孝"字，正是我们中华民族一代一代相传的命脉。这个"孝"字，是一切道德的源头！中国的汉字，是智慧的符号。我们看"孝"这个字，上面是"老"字，下面是"子"字，代表了老一代和子一代融为一体，这就是孝道。

听父母话的孩子有福

一个人要想有成就，首先要从孝悌开始，从孝顺父母开始；孝为百善之先，百行之源。我们讲了很多古人的故事，这也让我想起自己。几十年来，我一生走得还算比较顺利。想想原因，很重要的就是从孩提时，我就是一个比较听话的孩子。虽然也有让父母失望的时候，也有违背父母教诲的时候，但是大多数的时候，还是听从父母的教诲。

我从小生活在山村里，村子比较偏僻落后。那个时候我们读书，要走好几里的山路。每天我的母亲天还没亮就要起床，给我做早饭，吃了饭再去学校；下午从学校放学回来，到家天都黑了。现在想想，那时母亲真不容易。可当时，我没有这种感觉，只是越长大，就越能体会父母把我们培养大的不容易。想一想，我们正是这样在父母一点一滴的关照下，在父母一点一点的呵护下,最终才长大成人。我记得我工作时第一个月的工资,就寄给了父母。那时候恰好是我父亲的生日,我不能够回去,然后把第一个月的工资,全部寄给父母,终于能够给父母减轻一些家庭的负担,当时自己心里觉得特别踏实。在读书的时候,我也是尽量努力勤工俭学,少给父母增添压力,解决自己的生活费,因为当时家庭环境并不是很好。所以,一个人最重要的是要有孝心,要能够孝顺,有这种孝顺之心,他才能够取得成就;他的一生,才能够吉祥平安。

我曾经听老师讲过这样一个故事,这是他亲身经历的一个故事。他讲到他小时候,有一天一些男同学约好,准备一起去外面玩,去喝酒,开party。其中一位男生,因事回家了,结果他妈妈跟这个男生讲,今天晚上你就不用出去了,你和妈妈一起去健身、去运动,陪妈妈一起。结果这个男孩,本来也很想去聚会,但是想到父母的教诲,不能够不听从,结果他就没去。结果那一天,这些同学出去开party就出了事情。这些男生喝酒喝多了,结果非礼女生,发生了强奸女生的事件。后来,这些男生都被抓起来判刑了,被关进了少年劳教所,几年之后才出来。等到这些年轻人再出来,见到往日的这些同学,都非常不好意思。人生大好的时光就这样白白浪费了。这个男孩也是特别庆幸当天听了父母的话,如果不听父母的话,可能后果也和那些同学一样,说不定会被劳教。你看,就是这一念之差,人生的命运就完全不同了。

在我们生活中也有这样的例子。我有一个小学同学,就是如此。从小不听父母的话,长大以后,自然就成了这种不务正业的人。一开始他通过做一些非法的事情,也赚到了一些钱,赚到一些钱后,在家修了一栋房子,修得很漂亮。但是,用不义的手段得来的财富，终究会因不义的手段而失掉。有一年大年三十，他们家的房子就着火了，整个家烧得一干二净。这就叫"善恶之报，如影随形"。你用不义的手段得到这些，最终会因不义的手段失去。一个人之所以做不义的事情，最重要一个原因就是他不听父母的话，没有孝顺心。所以，我们从小就要懂得孝顺父母，这是我们人生成就的基石。没有这个基础，你将来成就越大，风险也就越大。就好比一棵树，如果它长得很高，它的根扎得很浅，那风一吹它就倒了。

在这里，我再讲一个我的老师钟茂森教授行孝的故事。我这几年都在整理老师的讲座书稿。他从小是一个孝子，在母亲的教导下，特别孝顺。我们出了一本书，叫作《母慈子孝》，就是讲他如何接受母亲的教诲，在传统文化的熏陶下，如何成长，最后取得了人生的成就。我们在这里特别抽取他在美国留学时期的故事。

他当时考上了广州的中山大学，在大学期间学习成绩特别好，而且勤工俭学，把自己的学费都赚回来了。后来，他考上了美国的公费留学生，去了美国读书，在路易斯安那州读硕士和博士，硕博连读。当时因为家里并不富裕，所以老师从国内带去的东西不多，只带了一条毛毯。到了美国之后，连做饭的炊具都没有，不过正好有一位师兄刚刚毕业，他就把师兄用过的高压锅拿了来。那个高压锅的高压阀当时都已没有了，只有一个盖子，只能当一般的锅使用。老师就是一直用这个锅做饭，煮汤，一用就用了七年。他跟同学一起住，合租最便宜的宿舍，离学校比较远。冬天不开暖气，夏天也不肯开空调。冬天特别冷的时候，一条毛毯不够，就把衣服、书本都盖在床上，这样来过冬。每天穿同样的衣服，没有注重自己外在的这些打扮穿着，心里过得很充实。老师在美国第一年冬天的时候，1996年的1月7号，他给他母亲写了一封信。当时他是每两周给父母写一封信，每周给父母打一次电话，向父母汇报自己的学习生活，让父母安心。这封信有几个片断，我们和大家一起分享一下。

冬天的路易斯安那州挺冷，我们这晚上一般都在零度以下。有一天早上起床，竟发现天上飘落许多雪花。目前是最冷的时候，我可以挺过来，便可省些钱，无需买棉被了。尽管冷，我仍然保持每周一两次的冷水浴。在冷水浴时，我可以锻炼自己毅力。我目前的学习生活都较单调，每天穿同样的衣服，吃同样的饭菜，走同样的路，读同样的书。我尽量让自己在单调中求单调，使自己躁动的心熄灭。我每日早晚警示自己，安住单调的生活，做至少七年的机器人，直至获得博士学位为止。因为我深深懂得，我来美国不是享受的，而是在欠着父母的恩德，花着父母的血汗钱，若不努力读书，天理难容。所以我突然很喜欢寒冷的冬夜，因为在冬夜里，我才能体会"头悬梁、锥刺骨"的精神，才能享受范仲淹"断齑划粥"的清贫。这个星期五晚上，下了一场冻雨，格外地冷。然而我的进取心却比任何时候都强，我要以优秀的成绩供养父母。妈妈，请您放心，您的儿子向您保证，向您发誓，我一定会孝顺您，把孝顺放在第一位，把事业放在第二位。

当老师的妈妈接到这封信的时候，大家想她是什么感受？会做出什么样的反应呢？如果你有这样一个孩子，你会怎么样？现在的父母可能会想，这个孩子，你没钱买棉被，我赶紧给你寄点钱；你去买个锅吧，要多注重营养，不要只吃同样的饭菜。当时我们老师，每周只买一次菜，跟同学搭便车去超级市场买菜，凡是市场上最便宜的菜就买回来，每餐都是吃红萝卜、包心菜。当时他的奖学金是每个月800美元，对一个中国留学生来讲，这个奖学金是很不错的，生活是完全够用的。他也是学习范仲淹"断齑划粥"的精神，把800美元分成三份，一份是200美元寄给母亲，100美元寄给父亲，剩下500美元自己用。这500美元继续划分，除了自己学习生活的必需费用，省下的钱每周打一次长途电话。当时打长途电话费用非常高，而且每年得回来探亲一次，需要机票钱。当时他的同学都跟他开玩笑，你这个奖学金不错，你省着点用，可以买一部车。他没有买车，而是骑着一辆简陋的脚踏车，冒着风雨上学。虽然生活很穷苦，但是心里很踏实。在这个时候，老师的母亲给了他鼓励，而且鼓励他加强进取的志向。我们在这里，也把我们老师的母亲写给他的回函，给大家读一下。

她讲道："寒冷能使人如此理智和坚强，感谢路易斯安那州的冬天，感谢清苦无欲的生活，它使人恢复性德之光。"美国的五星上将麦克阿瑟先生，他每天做的祈祷是什么？"神啊，多降下点苦难给我的儿子，因为只有在苦难当中，他才能够成长。"

老师的妈妈说：感谢路易斯安那州的冬天，感谢这种清苦无欲的生活，他使人恢复性德之光。什么是性德之光呢？这个"性"就是《三字经》开头里面讲的"人之初，性本善"的"性"，是本性本善，是每个人都有的本善。孟子讲，"人人皆可为尧舜"，这个是我们的本性。但是我们的本性为什么显发不出来呢？就是被我们的习性遮盖住了。我们有自私自利，我们有各种不善的念头，只是想自己的欲望，这样本性就被遮盖了。我们怎么样恢复本性本善呢？就要从修德开始，从孝开始。孝是修德的根本。钟老师在读书的时候，因为心里想到要赶紧完成学业回报父母,生活尽管单调枯燥,但在这种单调枯燥的生活当中,不亦乐乎。他给自己规定了七条规矩:第一,不看电影电视;第二,不逛商场;第三,不留长头发;第四,不穿奇装异服;第五,不乱花钱;第六,不乱交朋友;第七,不谈恋爱。他坚持这七条,一门心思就是学习,所以在美国学习时的成绩特别优秀,每次考试都是全班第一。当时他的老师也特别严厉,在老师的悉心栽培下,他的成长也很快,仅用四年就完成了本该七年完成的硕士博士的全部课程。这在他们当时,在他们学校,是有史以来的第一个。这就是孝心创下的奇迹。所以,后来我们老师在美国找工作的时候,他的老师给他写的推荐函,说他是他学术生涯以来遇到的最优秀的学生。所以,他的老师的推荐函力度特别大,当时就有两所大学请我们老师去做教授。

老师当时只有26岁,就登上了美国大学的讲台。后来,他听从自己老师的召唤,从美国到了澳大利亚,在澳大利亚著名的昆士兰大学金融系当教授,教金融。后来,又听从父母和老师的召唤,把自己高薪水的教授工作舍掉,来做弘扬中国传统文化的工作,当一名弘扬传统文化的义工。这是真正效仿中国古代读书人的精神,"为天地立心,为生民立命,为往圣继绝学,为万世开太平"。正是因为听了老师的教诲,我自己的人生命运也有很大的改变,走上了学习圣贤文化的道路。

经典链接：《小男孩和苹果树》

在这里，我们和大家分享一个故事，以感恩我们的父母。

在法国有一位作家，叫瑞乔·M.约翰，他曾经写过一则童话故事——《小男孩和苹果树》。我们一起来读读这个故事。

有一棵苹果树，有一个小男孩，每天都喜欢来跟苹果树玩。他上树摘苹果吃，在树荫下打盹，他爱这棵苹果树。苹果树也爱他。

时光飞快地过去了，小男孩变成了大男孩，他不再跟苹果树玩了。一天，男孩回到苹果树身旁，他看起来很难过。

"来跟我玩一会儿吧。"苹果树对他说。

"我不是小孩子了，我不会爬树了，我需要玩具，我需要钱买玩具。"小男孩说。

"对不起，我没有钱。不过你可以把我所有的苹果摘下来拿去卖钱。"苹果树回答他说。

小男孩打起精神来，他把所有的苹果摘光了，然后快乐地离去。摘了苹果以后，小男孩再没有来看过苹果树，直到他长成一个男人。一天，回到苹果树这里。

"来跟我玩一会儿吧。"苹果树对他说。

"我没有时间玩，我要工作来养活我的家庭。我们需要一所房子安身，你能帮助我吗？"男人说。

"对不起，我没有房子。不过你可以砍掉我所有的树枝拿去盖房子。"苹果树回答说。

男人打起精神来，他砍掉了所有的树枝，然后快乐地离去。

看到男人快乐，苹果树也非常快乐。不过男人砍了树枝以后，再也没有来看过苹果树。苹果树又孤零零的了，他很伤心。

一个炎热的夏日，男人回到苹果树这里。苹果树高兴极了。

"来跟我玩一会儿吧。"苹果树对他说。

"我一天比一天年纪大，我想去航海，让自己放松下来。你能给我一条船吗？"男人问。

"用我的树干去做条船吧。你就可以航行到很远的地方，你会快乐的。"

于是男人砍了树干做了条船，他真的去航海了，并且很长时间没有回来。

很多年以后，男人终于回来了。

"对不起，孩子，"苹果树说，"我没有什么可以给你的了，没有苹果给你吃。"

"没关系，我牙齿都掉光了，不能咬苹果了。"男人说。

"也没有树干给你爬。"苹果树说。

"没关系，我太老了，爬不动树了。"男人说。

"我真的没有什么可以给你，只有我快要枯死的树根。"苹果树流着眼泪说。

"我并不需要什么，只要有个地方能坐下来休息一下。经过这么多年，我太累了。"男人回答。

"那好，老树根是最适合歇息的地方了。过来跟我坐一会儿吧。"苹果树高兴地说，含着眼泪对男人微笑。

这个故事送给我们每一个孩子。这棵苹果树就像我们的父母。

当我们年幼的时候，我们喜欢跟爸爸妈妈一起玩。等我们长大了，我们就离开父母。只有当我们有需要或者遇到麻烦的时候，才回到他们身边。无论怎样，父母都一直在那里，尽一切所能提供我们所需要的一切，只为我们快乐。

你也许觉得故事里的小男孩对苹果树很残忍。然而，我们中的每个人正是那样对待我们父母的。

回想我们自己，是不是常常也是如此？让我们从这一刻开始，好好地多陪陪父母吧，多和父母在一起，好好地孝养他们。

《如果有一天》

最后，我们再来一起读一篇文章，叫《如果有一天》：
如果你的父母还健在，不管你有没有和他们在一起居住，
如果有一天，你发现妈妈的厨房不再像以前那么干净了；
如果有一天，你发现家中的碗筷好像没洗干净；
如果有一天，你发现母亲的锅子不再雪亮；
如果有一天，你发现父亲的花草树木已渐荒废；
如果有一天，你发现家中的地板、衣柜经常沾满灰尘；
如果有一天，你发现母亲煮的菜不是太咸就是太淡，很难吃；
如果有一天，你发现父母经常忘记关煤气；
如果有一天，你发现老父老母不再想要天天洗澡；
如果有一天，你发现父母不再爱吃青脆的蔬果；
如果有一天，你发现父母爱吃煮得烂烂的菜；

如果有一天，你发现父母喜欢吃稀饭；

如果有一天，你发现他们过马路行动反应都慢了；

如果有一天，你发现他们老是咳个不停，其实他们并没有感冒或着凉；

如果有一天，你发觉他们不再爱出门……

你发现老父老母的一些习惯已经不再是习惯时，

如果有这么一天，我要告诉你，你要知道这是父母已经老了，器官已经退化到需要别人照料了。如果你不能照料，请你替他们找人照料，并请你千万千万要常常探望，不要让他们觉得被遗弃了。

每个人都会老，父母比我们先老，我们要用角色互换的心情去照料他们，才会有耐心，才不会有怨言。

当父母不能照顾自己的时候，为人子女要警觉，他们可能会大小便失禁，可能会很多事都做不好。如果房间有异味，可能他们自己也闻不到，请不要嫌他脏或嫌他臭，为人子女的只能帮他清理，并请维持他们的"自尊心"。

当他们不再爱洗澡时，请抽空定期帮他们洗身体，因为纵使他们自己洗，也可能洗不干净。

当我们在享受食物的时候，请替他们准备分量适当、容易咀嚼的一小碗，因为他们不爱吃，可能是牙齿咬不动了。

从我们出生开始，喂奶、换尿布、生病的不眠不休照料、教我们生活基本能力、供给读书、吃喝玩乐和补习，关心和行动都不停歇。如果有一天，他们真的动不了了，角色互换不也是应该的吗？为人子女者要切记，看父母就是看自己的未来，孝顺要及时。

树欲静而风不止，子欲养而亲不待——亲爱的朋友，你留意过自己的父母吗？

我每一次读这些文章，都特别感动。我们确实应该反省自己，我们常常没有留意父母，常常只是想到自己，没有念念为父母着想。不管我们现在多大了，一定要从现在开始，好好照料父母；不管我们多大，我们和父母在一起的时间都是过一天少一天。

经典链接：《文昌帝君元旦劝孝文》

我们来学习一篇道家的劝孝文章——《文昌帝君元旦劝孝文》，这篇文章劝导我们要孝顺父母，培养德行的根基。非常感人，过去，我们的老师钟茂森教授有专门的讲解。

我们来看原文：

帝君垂训曰：

今日是元旦，为人间第一日，吾当说人间第一事。何谓第一事？孝者百行之原，精而极之，可以参赞化育，故谓之第一事。赤子离了母胎，在孩提时便知得，故谓之第一事。舍此一事，并无功业。舍此而立言，则为无本之言。舍此而能功盖天下，到底不从性分中流出，必作伪以欺国，负本以灭身。天地是孝德结成，日月是孝光发亮。孝之道，言不可得而尽也。

为人子者，事富贵之父母易，事贫贱之父母难；事康健之父母易，事衰老之父母难；事具庆之父母易，事寡独之父母难。

夫富贵之父母，出入有人扶持，居止有人陪从；其愿常怡，其心常欢；故易事也。若贫贱之父母，舍却白发夫妻，谁为言笑？离了青年子媳，孰与追随？人子一日在外，父母一日孤凄。为人子者，善体其情，能顷刻离左右也乎？

健康之父母，行动可以自如，取携可以自便；朝作暮息，可以任意；访亲问旧，可以娱情；故易事也。若衰老之父母，儿子便是手足，不在面前，手足欲举而不能；媳妇便是腹心，不在膝下，腹心有求而不遂。时而忿忿于内，时而戚戚于怀。为人子者，善体其情，能顷刻离左右也乎？

具庆之父母，日则有以作伴，夜则有以相温；昼无所事，相与论短谈长；夜不成眠，互为知寒道冷；故易事也。若寡独之父母，儿女虽有团圆之乐，夫妻已成离别之悲；家庭之内，独行踽踽凉凉；形影之间，惟有凄凄楚楚；为人子者，善体其情，能顷刻离左右也乎？

呜呼！试问身从何来？亲为生我之本。孝为何事？人所自有之心。见我此章，而不动心者，非人也。见我此章，而不堕泪者，非人也。逆子忤媳，见我此章，而不化为孝子顺妇者，与禽兽何异？人人得而诛之者也。

白话：

文昌帝君说：

今天是元旦，是人间每年的第一天；今天我也应该说人间第一件大事，人间第一件大事是什么呢？

这第一大事就是孝，孝是所有行为的根源，孝行如果精纯到极点，可以与天地并行一体而帮助天地生养万物，因此孝道称为人间第一大事。刚刚从母胎出生的孩子，还在母亲怀里的时候，那种对母亲的爱和依恋，就是孝的流露了，因此孝道称为人间第一等大事。

一个人如果没有孝道，不论做什么，都不会成就真正的功业；一个人如果没有孝道，他所讲的道理都不会有根基，别人也不会信服。一个人如果没有孝道，即使功盖天下，因为其行为不是从性德中流出的，所做的一定是虚伪之事，一定会欺诈国家和人民，最终一定会因为违背人伦之根本而给自己带来灾祸。

天地是因为孝德而变现出来的；日月也是因孝德的光芒才发亮，孝道，是用言语说不尽的。

作为子女，如果父母在富贵之家，侍奉父母容易，而如果是贫贱的家庭，侍奉父母就难；如果父母身体健康，侍奉父母就容易，如果父母已经年老体衰，侍奉父母就难；如果父母很有福气，夫妻白头到老，侍奉父母容易，如果父母有一人先去世，留下一人鳏寡孤独，侍奉父母就难。

父母很富贵，他们出入都会有人接送扶持，行住坐卧都会有人陪伴，有什么愿望都很容易实现，他们的内心也常常欢乐，所以作为子女侍奉他们就很容易。如果父母贫贱，其中又有一个去世了，留下鳏寡孤独，谁来陪伴他言谈欢笑呢？若离开了年轻的子女媳妇，谁还会去追随陪伴他们呢？为人子女不在父母身边一天，父母就孤苦凄惨一天，为人子女若能够将心比心地体会父母的心情，怎么能忍心离开父母片刻呢？

父母要是身体健康，行住坐卧都能够很自如，拿物做事也方便，白天劳动晚上睡觉，也都没有问题，走访亲戚、朋友，也能够心情欢喜畅谈，所以侍奉这样的父母就容易。如果父母年老体衰，子女就是他们的手足，子女如果不在父母身边，即使想做什么事拿什么东西都不能如愿，媳妇本是他们亲密无间的腹心，如果媳妇不在膝下，父母有什么要求也不能满足。所以年老体衰的父母，内心里常想不开，很悲伤、很苦恼，为人子女若能够将心比心地体会父母的心情，怎么能忍心离开父母片刻呢？

父母如果本有福气，白天有老伴陪伴相随，晚上与老伴也能够相互照顾关怀，白天如果没事做两个人还能够谈天说地，晚上如果睡不着，相互也会知寒问暖、相互关心，作为子女，侍奉这样的父母就容易。如果父母鳏寡孤独，没有老伴相伴，虽然子女可以在身边团圆，但是父母已经是阴阳两隔，那是永远的悲伤啊。在家里常常只有一个人，冷冷清清，没有人陪伴，只有影子相随，十分凄凉悲哀。为人子女如果能够将心比心地体会父母的心情，怎能忍心离开父母片刻呢？

啊！我们问问自己，自己的身体从哪里来啊？父亲母亲可是生养我们的根本啊；孝道到底是什么呢？这是作为人就本有的心啊。看了我所写的这篇文章，如果你的内心没有产生感动，那你就不是人了。看了我所写的这些文字，如果你还不流泪的，你就不是人了。

那些忤逆不孝的子女和媳妇们，看到这篇文章，假如还不改过忏悔成为孝顺的子媳，那跟禽兽畜生有什么区别呢？真是人人都可以谴责啊！

铭记一生的孝道格言

"树欲静而风不止，子欲养而亲不待。"这句话出自《韩诗外传》，有一个叫皋鱼的人，周游列国去寻师访友，因此很少留在家中侍奉父母。没想到等他回到家乡的时候，父母已经相继去世，皋鱼这才惊觉从此不能再尽孝道，深悔当初父母在世时不能够好好地孝养父母，现在后悔已经来不及了！于是发出了这样的叹息。

我们今天同样也是如此，多少人为了学业、工作，离开父母，我们一天天成长，父母却一天天地变老，我们和父母在一起的日子是一天比一天少，孝敬父母一定要及时啊！不要等到失去了才叹息，给自己的人生留下无尽的遗憾。

"百善孝为先。"这个百不是指一百，而是指所有的善行，没有比孝更大的，更重要的。"孝"是人最美好的德行，《孝经》里面夫子讲道："夫孝，德之本也，教之所由生也。"孝，是我们德行的根本，一切教化都是从孝道衍生出来的。一个人如果不孝顺父母，有再多的善行也只能是"伪善"，因为，父母是对我们人生恩德最大的人，我们如果都不能够孝敬，其他的善也就不值得一提了。

"诸事不顺因不孝，怎知孝能感动天。"这是《百孝篇》里面的话，就是说我们在世间遇到各种不顺的事情，根本的原因就是因为我们缺乏孝心。现代人可能不理解这句话，为什么我遇到不顺的事情和我是否孝敬父母有关系呢？要知道，一个真正的孝子，不仅会孝敬自己的父母，而且会礼敬一切人，真正做到对所有人"敬而无失，恭而有礼"，生活中怎么会有不顺的事情呢？一个人如果真心行孝，即使遇到不如意的事情，发自内心的孝行就能够感动天地。正如《孝经》所说："孝悌之至，通于神明，光于四海，无所不通。"

"不爱其亲而爱他人者，谓之悖德，不敬其亲而敬他人者，谓之悖理。" 这句话出自《孝经》，一个人不爱自己的父母，而爱别的人，这是和我们的性德相违背的，一个人不尊敬自己的父母，而尊敬其他的人，这是和天理相违背的。所以，对于这样的人，我们要警惕，一个人对父母都不爱敬，而爱敬别的人，一定是另有所图，有着不可告人的目的。所以，《论语》里面第二句讲道："有子曰：'其为人也孝悌，而好犯上者，鲜矣。不好犯上而好作乱者，未之有也。君子务本，本立而道生。孝悌也者，其为仁之本与？'"意思就是说，如果一个人能够孝敬父母，友爱兄弟，这种人会冒犯上级，是很少有的，一个人不冒犯上级，而会作乱，是从来没有的事情。所以君子修德，致力于根本，孝悌就是我们修习仁德的根本啊。

第三章

尊师才能学有所成

一日为师，终生为父

前面我们讲到了孝亲，我们接着讲的专题是尊师。中国传统文化有两个最重要的根本，一个是孝道，一个是师道。从前每户人家都会有一个牌位，"天地君亲师"，这在我们老家每个人家里都还有。天地是指自然，君是指国家领导，亲是父母，师就是我们的老师。意思是这些是对我们恩德最重的。天地哺育我们，君主让国家安定，让我们有饭吃，父母养育我们，老师教导我们，他们对我们一生恩德最大的。所以，我们不仅要孝敬父母还要尊重老师，对老师的尊敬要跟父母一样，古人讲，一日为师，终生为父。古人对老师的礼节和对父母是一样的，父母过世要守孝三年，老师过世也要守心丧三年，唯一不同的就是不穿孝服，那种悲哀之情完全是一样的。

我们有一位老教授就和我们讲到他小时候的事，他是念私塾，六七岁的时候家里住在农村，私塾是在亲戚的一个祠堂里，老师是清朝末年的一个秀才，教20多个学生，学生年龄参差不齐，有6岁的，有16岁的。他要去上学这一天，他的父亲带他去的，这是特别隆重的事情，当时祠堂里有一个大殿，是用来祭祖的，这个时候把后面的屏风拉起来，看不到后面的祖宗牌位，就

> **延伸阅读：**
>
> "天地君亲师"五字成为人们长久以来祭拜的对象，充分地体现了中国民众对天地的感恩、对君师的尊重、对长辈的怀念之情。同时也体现出"中国民众的敬天法地、孝亲顺长、忠君爱国、尊师重教的价值取向"。这几个字正体现出中国民众的终极关怀所在，对民众的物质生活和精神生活各方面都产生了巨大的影响，这也使得中国人不同于西方人，中国文化不同于西方文化。

跟一个大厅一样，大厅里面有一个供桌，上面供着一个很大的孔老夫子的牌位。进到殿里之后老师站在旁边，这个老教授的父亲在前面他在后面，父亲向孔老夫子的牌位行三跪九叩礼，这是古人见了皇帝最重的礼，向孔老夫子行礼之后再请老师上座，再向老师行三跪九叩大礼，这个孩子看到父亲向老师行礼，我们做学生的对老师还敢不恭敬吗？父亲对老师这么恭敬，孩子怎么敢不恭敬？拜老师以后再献上礼物，这表现的是尊师重道。行完礼之后家长就嘱咐孩子要听老师的话。这个教诲让孩子真正明白要懂得尊师重道。这是中国古代的私塾，现在这种礼没有了。

但是你看我们的父母，也常常叮嘱孩子要尊师重道，要听老师的话。从小我的父母就告诉我，在学校要听老师的话。一个人要想有成就一定要懂得尊重老师，要有师道、孝道才会有成就。

尊师重道的汉明帝

在这里我们也讲一些古人尊师重道的故事。

第一个是汉朝汉明帝的故事。汉明帝是东汉光武帝的儿子，历史上的"光武中兴"，里面就有汉明帝的功劳。汉明帝做太子的时候，对自己的老师桓荣非常尊敬，从来不摆皇太子的架子。有一次他的老师重病在床，不能到太子的宫殿去讲课，汉明帝就每天派人去询问病

> **延伸阅读：**
>
> 刘庄（28—75），即汉明帝，性格刚毅严酷。汉光武帝刘秀之子。建武十九年，立为皇太子，建武中元二年二月，即皇帝位。明帝即位后，一切遵奉光武制度。随着对外交往的正常发展，佛教在西汉末年开始传入中国。明帝之世，吏治比较清明，境内安定。

情,而且给老师送去最好吃的东西,那个时候老师已经60岁了,汉明帝为了照顾他,遇到下雨行走不便,就留老师在太子宫里住。经过老师9年的悉心教导,汉明帝就成了当时出色的经学家,学问很有成就。为了表达对老师的感恩之情,他亲自给老师写了一封信,希望老师注意饮食起居好好保重身体。

他当了皇帝以后,虽然处在天子之位,但是对老师的尊敬还是一如既往,从来不把他的老师当丞相看。当时他的老师已经80多岁,汉明帝为了照顾他,首先免去了上朝的事情,让他在家里好好休养。为了经常能够见到老师,继续向老师学习,就让他的老师教更多的人,汉明帝还经常带文武百官到老师的府上听课。到老师家以后,他仍然让老师坐在东面,自己坐在原来学生的位置。要知道,按照古礼,君在北面,臣在南面,东西是老师和学生的礼节,也是宾主之礼,这是表示自己身为帝王,把师道落实给天下人做表率。

老师坐定之后,汉明帝让侍从把案子摆在老师面前,自己亲自捧经书,带着文武百官在老师面前恭恭敬敬听课。在学习的时候有人向汉明帝请教(他是皇帝,大家对他特别尊重,也自然免不了有人会恭维),他总是特别谦虚地说,太师在这里,我们好好听太师讲。一到休息时间,他自己又亲自把由皇宫带来的点心送到老师面前,对老师特别关怀。当时汉明帝只要一听到老师生病,马上带名贵的药品去慰问。

后来桓荣一病不起,在临终之前写了一个奏章,向自己的学生谢恩,请求归还他的爵位和封地。汉明帝看了奏章,知道老师病情严重,自己亲自前往老师家。这一天早上,汉明帝下令免去上朝,早饭都顾不上吃,就到老师的府上。皇帝乘坐的车很大,经过小巷子肯定会引起轰动，所以他为了避免惊动老师，自己就下车行走，虽然自己是皇帝，但是没有摆这个架子，忧心忡忡、愁容满面，双手捧着经书走在最前面，那些大臣侍从都跟在他后面。要知道一个皇帝出来去看老师的病情，也让天下的百姓感动了，这些百姓都聚集在门口，看到这个情形默不作声、肃然起敬。到了老师家，汉明帝才慢慢走到老师的病榻前，看到老师生命垂危，汉明帝掉下眼泪，安慰老师静心养病争取早日康复。劝慰了老师很久，仍然依依不舍地守在老师身边。过了一天，老师病故的消息传到皇宫里，汉明帝听了之后特别悲痛。立刻让人准备丧服前去悼唁，到老师的灵柩前流泪行礼，亲自写挽联。

在中国历史上，汉明帝对中国文化的贡献是非常大的，他最大的贡献就是把佛教引入中国。有一天晚上，他梦到一个金人，他就问身边的大臣，让他们作解释。当时释迦牟尼佛的故事也已经传到了中国。大臣傅毅就说你梦到的是佛，他在长安的西边，也就是现在的印度。汉明帝就派人去印度，希望能够请当时的高僧到中国来弘扬佛法，结果使者到了今天的新疆就遇到了摄摩腾、竺法兰两位法师，就把他们请到了中原，于是佛教就流传到了中国。当时佛教在印度，僧人过的都是非常清苦的生活，汉明帝后来把这些僧人请到中国以后，说皇帝的老师怎么能过行乞的生活，于是就盖寺庙，唯独佛教的寺庙可以和皇家的建筑是一样的，对老师特别尊重。正是因为有这样一位尊师重道的帝王，所以佛教在中国发展特别快，影响中国几千年，和中国的儒家文化、道家文化融为一体。从那以后历代的帝王大多请高僧做自己的国师，这都是表示尊师重道，让这些高僧来指导自己如何治理天下。

古代读书人是如何尊师的？

我们再来看古代读书人是如何尊师的。

首先我们来看尹喜拜师的故事。尹喜是西周时一位贤大夫，从小喜欢经典，特别精通律法，善于观天文，能够知古通今。有一天，他观察天象，看到东方有紫气相连，由于他是函谷关的关令，他叮嘱守关的士兵，说几天后一定有圣人经过此关，你们见到行貌脱俗的人立刻禀报，同时派人打扫道路，夹道焚香，迎请圣人。过了几天尹喜就听到下面的人报告，有一位白发老翁道骨仙貌，驾着牛车出关。尹喜立刻就赶去迎接，在牛车前就跪拜，说尹喜叩见圣人。这个老翁就说我是一介布衣，行如此非常之礼不知有何事，尹喜就讲，我早已经得到神明指示，已经等候多日，希望圣人赐教。这个老翁就问他，你是怎么知道的？尹喜就讲，我喜欢观天文，略微知道一些天文的变化，我看到紫气东来，知道有圣人要西行。希望您指导修行之道，我尹喜感恩不尽。这个老翁见他求道如此心诚，而且心特别仁慈、特别和善，就笑答道："你知道老夫，老夫也知道你，就是要收你做学生。"尹喜非常高兴，叩头就问："敢问大圣人姓名？"老人家就讲："吾姓字渺渺，从劫至此，非可尽说。今姓李，字伯阳。"一听便知道是老子，就焚香叩头恭敬拜师。这

> **延伸阅读：**
>
> 尹喜，字文公，号文始先生，甘肃天水人，周代楚康王的大夫。他自幼究览古籍，精通历法，善观天文，习占星之术，能知前古而见未来。周昭王二十三年，眼见天下将乱，他便辞去大夫之职，请任函谷关令，以藏身下僚，寄迹微职，静心修道，或称"关尹"。

是尹喜拜老子为师。老子我们都知道是圣人。尹喜对老师有这种恭敬心，所以跟老子学习之后，后来修成大果，被称为"尹真人"，这是尹喜对老师恭敬的故事。

学习最重要的是什么？是对老师有恭敬心。当时和尹喜一起见到老子的肯定不止他一个人，还有那么多士兵，为什么其他人没有成就？没有跟这个老师学习？只有尹喜能够有成就？就是他真正有恭敬之心，有恭敬心学习才会有成就。

我们再来看孔子的学生子贡，他对老师也是特别尊重。子贡特别聪明，有一次鲁国的大夫就在人前贬低孔子抬高子贡，子贡就特别生气，他就拿这个房子的围墙做比喻，说我们这个老师的围墙高达几丈，屋里是富丽堂皇，不是一般人能看得到的。我自己只有肩膀那么高的围墙，一眼就能看到，所以你们赞叹我，但不知道我老师的道德学问有多高。他把老师比作成太阳和月亮。说夫子光彩照人，不是常人能够超越的。

> **延伸阅读：**
>
> 端木赐（前520—前456），复姓端木，字子贡，政治家，外交家，中华儒商之祖，官至鲁、卫两国之相。是孔门七十二贤之一，孔门十哲之一，春秋末期卫国黎（今河南省鹤壁市浚县）人。他是孔子的得意门生，列言语科之优异者。他利口巧辞，善于雄辩，且有干济才，办事通达。他还善于经商之道，曾经经商于曹、鲁两国之间，富致千金，为孔子弟子中首富。相传，孔子病危时，未赶回。子贡觉得对不起老师，别人守墓三年离去，他在墓旁再守三年，共守六年。

子贡特别感老师的恩，在夫子去世以后，他在墓旁居住，一直守墓6年，其他的学生都是守3年，按照礼法是守3年，但是子贡感恩老师的恩德，特别守了6年，真正给我们作出一个尊师的榜样。

我们再来看一个故事。东汉有一位叫魏昭的人。当时在洛阳做官，他在读太学的时候就知道当时有一位著名的大儒叫郭林宗。郭林宗在南阳，他自己在京城做官，虽然路途很远，但是他还是决定拜郭林宗为师。于是他就挑选了一个吉日带着随从去了南阳，到了南阳就打听到郭林宗的家，叩门说道："请问郭大人在家吗？"家里的仆人回答："郭大人最近几天身体不好，谢绝会客。"魏昭的随从就跟郭家的仆人讲，我们是从京城来的，我们家老爷想面见郭大人一面，麻烦你通报一下。郭府的家人听说是京城来的人就去通报，郭林宗当时躺在病床上，一听说京城来人，就不免有些兴奋，就问来的人是京城什么人，回答告诉他说是府尹魏昭大人。当时魏昭是赫赫有名的神童，11岁就去太学学习，15岁就被朝廷任命官职。尽管魏昭名气很大，但是郭林宗还是决定考验一下他的诚心，于是他对仆人讲："我不见人，任何人都不见。"得到郭府家仆的答复之后，魏昭的随从就忍耐不住愤怒地说："他们一介草民不足挂齿，老爷何必为此劳伤？"魏昭就批评他的随从，跟他讲："你这个话不对，郭大人是名震四海的大儒，你怎么能够贬低郭大人？我们要在这里等候，郭大人病好之后自然就会见我们。"

魏昭就和随从在郭府门前等了三天，结果郭府家仆报告给郭林宗，听了之后，郭林宗为之动容，就让魏昭入府会见。进到郭府内堂，魏昭就特别高兴地跟郭林宗讲："在下听说郭大人熟读经书，十分敬仰，特地前来拜大人为师。"郭林宗就讲："岂敢，本人才疏学浅，我只能尽自己的能力教授皮毛，希望魏府尹包涵。"就这样收了魏昭为学生，魏昭就对老师行礼。

当时郭林宗重病在身，整天要吃中药，为了考验魏昭的诚心，再次给他出难题。到了郭府四五天，郭林宗还没有给魏昭教授一次课，有一天晚上，郭林宗咳嗽不止，下人就赶快给他来熬药，这时候郭林宗就大声叫道："你们不要熬，让魏府尹来熬。"结果魏昭赶快去给老师煎药,煎好之后请老师去服药,结果他把药递上去,郭林宗就讲:"太烫了,端下去重熬。"魏昭一句话没说又熬了一遍,拿给郭林宗喝,郭林宗又说太苦了,要重熬。魏昭的随从忍不住了说:"老爷,我们不要再求学了,这个人有点过分了,我们要立刻返回京城。"魏昭立刻就批评他的随从,说你们不能胡言。第三次又熬了药,毕恭毕敬端到老师面前,这时候郭林宗真的被他感动了。郭林宗就跟他讲:"以前很多的学者,他们求学之心并不诚,他们完全是敷衍,只是想要有点名声。今日与你相见,才知道你有一片诚心,鄙人愿意做你的老师,教你这些经典。"后来郭林宗正式收魏昭为徒,把自己所有的知识都教给了他。这是魏昭侍奉老师的故事。

老师对他百般刁难就是试验他的诚心。现在我们并不是如此,老师可能还没说我们,我们对老师根本就不尊敬。如果我们去找人求学,没碰到就可能再也不学了,没有这种真诚、真心求道。现在不是说我们侍奉老师,在学校还是老师照顾我们,我们这样的态度,没有真正对老师的恭敬心,怎么能够学到知识?

我们再来看宋朝"程门立雪"的故事。当时宋朝有两兄弟叫程颢、程颐,这两兄弟在宋朝都是特别有学问的人。当时有一位进士叫杨时,他为了提高自己的道德学问,放弃高官厚禄拜程颢为师,虚心求教。后来程颢死了之后,他自己那时候已经40多岁了,但是还立志求学,又跑到洛阳去拜程颢的弟弟程颐

> **延伸阅读:**
>
> 程颢,字伯淳,又称明道先生,官至监察御史里行。程颐,字正叔,又称伊川先生,曾任国子监教授和崇政殿说书等职。二人都曾就学于周敦颐,同为宋明理学的奠基者,世称"二程"。二程的理学思想对后世影响很大,南宋朱熹正是继承和发展了他们的学说。后世之人将他们的学说并称为"程朱理学"。
>
> 杨时,北宋学者、官吏。字中立,号龟山。熙宁九年进士。历官浏阳、余杭、萧山知县,荆州教授、工部侍郎、以龙图阁直学士专事著述讲学。

为师，于是他跟他的朋友一块到程家，正好遇上程老先生在休息，坐着睡着了。这时候外面下着很大的雪，这两个人求学心切，就恭恭敬敬在一旁等，过了大半天，程颐才慢慢睁开眼睛，见到杨时站在面前，大吃一惊。这个时候门外的雪已经有一尺多厚了，杨时两人没有一丝疲倦和不耐烦，真正为了求学，真正懂得尊敬老师。所以后来他就拜程颐为师虚心求教，有这种恭敬心，进步就特别快，杨时后来就成了全国著名的学者，大家都拜他为老师，称他为"龟山先生"。

我们现在哪有这种恭敬心？老师不在赶紧就走了。如果老师在，也不管老师是否方便，就不礼貌地去打扰老师，这个都是不懂得尊敬老师。一个人不懂得尊敬老师，他的学业很难有所成就。

无论学什么都要尊师

不仅读圣贤书要尊重老师，我们学习任何一门技艺，都要尊重老师，才会有所成就。

我们讲一个唐朝吴道子拜师学画的故事。"画圣"吴道子从小父母就去世了，背井离乡出外谋生。有一天晚上吴道子经过河北定州城外，发现前面有一个寺院，就走进去，从大殿虚掩的门缝里面，看到有一位年迈的老和尚正在聚精会神地画画，吴道子就很好奇，推开门轻轻走过去站在老和尚身后。老和尚一回头发现一个十几岁的孩子在看他画画，心里很欢喜。就问吴道子："你喜不喜欢作画？"吴道子就点点头，老和尚知道他身世以后，就摸着他的头讲："你要是愿意学画，就做我的徒弟吧。"吴道子听了以后就立刻磕头拜师。这个老和尚就把吴道子领到后殿，指着一面墙壁就讲，我想在这个空壁上画一幅《江海奔腾图》，画了多次都不像真水实浪，明天我带你到各地江河湖海周游三年，回来再来画。第二天一大早，吴道子就收拾行李跟着老和尚出发了，走到一个地方老和尚就叫吴道子练习画水，结果一开始他还很认真，时间一长他就有点腻了，老和尚就把他叫到身边跟他讲，你要想把江河湖海奔腾的气势画出来，一定要下一番苦功不可，要从一滴水珠一个浪花来画。这个老和尚打开自己随身带的一个木箱，吴道子一看就愣住了，满满一箱没有一张是完整的画，上面全是小水珠和浪花，这个老和尚花了很多时间和精力。他才知道自己错了，从此以后每天早出晚归，就学画水珠和浪花，风天雨天都到海边观察水波浪涛的变化。

结果就这样画了三年，三年之后吴道子的画技特别有长进，得到了师父的赞奖。没有想到的是，回到寺院的第二天，老和尚就病倒了，吴道子就跪在床前真诚地跟师父讲："师父，我愿意替您画那幅《江海奔腾图》。"当时这个老和尚见15岁左右的吴道子说了这样有志气的话，心中特别高兴，病也好了一大半，当下就答应了。于是吴道子就开始到后殿画《江海奔腾图》，整整九个月都没出殿堂，吃和睡都在里面。后来吴道子终于画完之后，已经从春天画到深秋了，他跪在老和尚面前激动地说"师父，我已经把《江海奔腾图》画出来了，请您去观看。"老和尚

> **延伸阅读：**
>
> 吴道子（约680～759），唐代画家。阳翟（今河南禹州）人。画史尊称吴生，被唐玄宗赐名道玄。被后世尊称为"画圣"，被民间画工尊为祖师。画作有《明皇受箓图》、《十指钟馗图》，入《历代名画记》；《孔雀明王像》、《托塔天王图》、《大护法神像》等93件，入《宣和画谱》；传世作品有《天王送子图》，皆为后人托名摹本。

一听，结果这个病就全好了，带着全寺院的法师一起去看。吴道子把后殿的大门轻轻打开，只见波涛汹涌迎面而来，和尚们惊呼"天河开口了"，这些和尚就你挤我撞争相逃命，这个老和尚心里有底，站在殿门口看到扑面而来的浪花仰天大笑，你画的这幅画成功了。从那以后，到寺院观看《江海奔腾图》的文人、画师络绎不绝，吴道子那时候还很年轻，但是没有骄傲，而是更加地刻苦学画，所以成为中国历史上的"画圣"。

吴道子能尊师重道，所以继承了老师的技艺，而且超过老师，成为"画圣"。任何一个有德行、有学问的老师，他最大的希望就是找一个人来继承他，谁能够继承？一定是能够尊重老师，有诚敬心，刻苦的人才能成为老师的继承人。

下面我们再讲一个现代人尊师的故事。我国著名数学家华罗庚，他也是尊师重道的榜样。他是1931年去清华大学工作的，当时他每年都要回到家乡，总要登门看望他的老师韩大寿、王维克、李月波这些人，还有他的同学和朋友。让人特别难忘的是在1946年的夏天，华罗庚刚刚从苏联回国，又要到美国去访问，这一去不知道什么时候才能回来，特地就回到老家，当时他就登门给老师请安，当时他是著名的数学家，当地各界都给他举行欢迎大会。

当时有人专程邀请华罗庚参加这个大会而且要讲话，华罗庚第一句话就说韩大寿先生、李月波先生都在金坛，按道理应该要请他们两位讲话，否则哪有我讲话的

> **延伸阅读：**
>
> 华罗庚（1910—1985），江苏省金坛人。世界著名数学家，中国科学院院士，美国国家科学院外籍院士，中国解析数论、矩阵几何学、典型群、自守函数论与多元复变函数论等方面研究的创始人和开拓者，是中国在世界上最有影响的数学家之一，被列为芝加哥科学技术博物馆中当今世界88位数学伟人之一。国际上很多的数学科研成果都以华氏命名，比如"华氏定理"、"怀依—华不等式"、"华氏不等式"、"普劳威尔—加当华定理"、"华氏算子"、"华—王方法"等。

余地，这是对老师的尊敬。老师在，学生不能够讲，到会场的时候，华罗庚坚持要两位老师走在前面，而且跟老师讲，用了一句数学的语言，百分之百应该是老师走在前面。他当时已经是大数学家了，自己搀扶着老师进入会场。而且把他们安排在中间，自己坐在侧位，那天人特别多，很多人都想看看自己家乡出的这位数学天才。有人称赞华罗庚是数学天才，他自己赶忙站起来摇手说："我不是什么天才，我是慢慢学出来的，我的老师都知道。"正是因为有对老师的感恩之心，所以才有他后来的成就。

在1961年的时候，在南京有一次学术座谈会，华罗庚就指着他的老师王维克的女儿讲，王维克先生是我的老师，他不仅是数学好，而且物理学、天文学各方面都有造诣，而且是一个有成就的翻译家，还是法国巴黎大学居里夫人的学生。华罗庚之所以能够有成就，也正是因为自己懂得尊师重道。而且对数学坚韧不拔，有追求有志向，所以才能够成为闻名世界的数学大师。

尊师重道不仅是中国人的传统，而且在全世界都是如此。比如说我们知道的居里夫人，就是一个特别值得我们学习的榜样。

在1930年时，居里夫人发现了一种新的物质叫作"镭"，这个发现震惊了全世界，当时得了诺贝尔奖，在全世界享有盛誉。即使她取得了这么高的成就，她对老师还是十分尊敬。居里夫人的法语老师，当时最大的愿望就是想重游她的出生地，但是她付不起由波兰到法国的一笔旅费，回乡的希望特别渺茫。居里夫人当时正好住在法国，非常理解老师的心情，不但帮

> **延伸阅读：**
>
> 玛丽·居里（1867—1934），通常称为居里夫人，波兰裔法国籍女物理学家、放射性化学家。她与丈夫皮埃尔·居里共同发现了放射性元素钋，之后又发现了元素镭，因此她和丈夫及亨利·贝克勒共同获得1903年诺贝尔物理学奖，1911年又因放射化学方面的成就获诺贝尔化学奖，成为历史上第一个两获诺贝尔奖的人。由于长期接触放射性物质，1934年7月4日因恶性白血病逝世。

老师付了全部的旅费，而且还请老师到家里做客，居里夫人让老师感觉好像回到自己家一样。1932年时，在华沙建了一个"镭"研究所，居里夫人回到自己的祖国参加落成典礼，当时很多著名人物都拥在她周围。典礼要开始的时候，居里夫人突然从主席台上跑下来，穿过这些捧着鲜花的人，来到一个坐在轮椅上的老年妇女面前亲吻她的脸，亲自把这个老人推到主席台，这个老人是谁？就是居里夫人小时候的老师。当时在场的人都被这个动人的情景所感动，这个老人也掉下了眼泪。居里夫人曾经讲过一句话，她讲无论一个人取得多么值得骄傲的成就，都应该饮水思源，应当记住自己的老师为自己的成长播下最初的种子。

　　我们一生能够有成就，父母和老师的恩德是最大的。父母给我们生命，老师给我们慧命。这也让我想起这么多年来老师对我的教诲。我在读书的时候，我们的班主任老师对我、对我们全班同学都特别关心、特别爱护，把同学都当成自己的孩子。我们怎么样感恩老师？就是要努力学习，好好做人，做一个有成就的人，做一个有益于社会的人，希望能够为社会作贡献。我记得前年我有一次回到母校，给我们全校的老师和学生送去了不少传统文化的书籍，学校的老师同学拿到这些书都特别感动。而且学校还特地让我回去给同学们进行了一次讲座。我特别请了一位学习传统文化的老师到我们学校作了一个传统文化的讲座，我也在这个讲座上发了言。当时我的老师跟我讲："你这一天让我特别开心，让我觉得脸上特别有光。"我想，自己做的真的是微不足道，与老师对我们的付出相比差得太远了。我记得有一年冬天寒假没有回家，当时在学校，留校同学很少，学校食堂又没有饭吃，老师让我每天到他家吃饭，对我特别关心照顾。真的很感恩过去老师对我的教诲，真的是无微不至的关怀。

我在读书的时候，特别爱好文学，在学校外面还认识两位长者，一位是当时学校附近的一家大型国企的党委宣传部长，他是我们当地著名的作家，也是著名的儿童文学作家，杨永安老师。当时我每周都去拜访杨老师，每次去跟他学习，听他跟我讲一些文学的知识，教导我写文章，老师对我特别照顾，就这样一周去一次，学了几年，自己写文章很有长进。我第一次正式发表的文章，就是我的老师给我修改之后寄给《湘潭日报》发表的，这都是老师栽培的结果。

当时我还认识一位老师叫曾庆仁，也是当地著名的诗人、作家，他自己本身的职业是在学校做老师。我也是经常到他家去，老师把我当成自己的孩子一样，跟我讲做人的道理，讲文学作品，对我特别照顾。

后来我到北京之后，想到老师的恩德，自己也不能为老师做更多的事情，恰好我从事出版工作，老师写的书，因为现在不是特别畅销的文学作品，很难出版，所以为了报答老师，就帮老师出版他们的文学作品，帮杨老师和曾老师都出版了他们写的长篇小说，老师看到之后也特别高兴。其实我们为老师付出的很少，老师却付出了很多。我们要时时念老师的恩德。

在生活中如何落实尊师

最后我们再和大家谈一谈，如何把孝亲尊师落实到我们的实际生活当中。尤其是作为一个学生如何做到尊重老师，如何体现在具体行动上。

第一是我们在学校上下课的时候。在学校上下课要起立致敬，学校里都有规定，我们一般都会做到。即使不是上下课的时候，在一般场合凡是要敬礼的时候都要鞠躬，不是一般的稍微点一下头，一定要非常恭敬地鞠躬，光点头不鞠躬，这是代表傲慢，把自己的腰弯下来表示谦虚，腰都不肯弯，挺直地站在那里就表示傲慢。你一傲慢就学不进东西了，而且表示你不知礼。礼本身有一个标准，你不按这个标准做，你就没有真正的恭敬心。

第二是向老师请教的时候。自己有疑问的时候，问题不懂一定要请教老师，问老师的时候一定要站起来问。如果学生坐着问老师就不会回答，这是要培养学生对老师的恭敬，做学生要懂得这种礼节。如果是在古代，学生向老师请教则要跪下来，这是代表对老师的恭敬。

第三是在路上遇到老师。比如我们走路的时候遇到老师，要恭恭敬敬站在路边，等老师走近的时候要向他敬礼，老师问你的时候你就要对答，不问的时候自己离开，如果路面不宽应该这样去做。如果这个路很宽，我在马路这边老师在那边就不必。现在有的学生看见老师装作没看见，不打招呼就走了，这都是不懂礼貌，另外就是听讲的时候应该要端身正坐，不能够弯腰翘足。在教室上课怎么样表示对老师的尊重？就是你一定要端身正坐，要聚精会神听讲，这也是对老师的恭敬。

你看上课，老师是站着很辛苦，学生坐着很轻松，现在有不少学生上课还不认真，经常往窗外看、趴在桌上睡觉，这都是不尊重老师，就是你弯腰也不行，你把腰弯起来就表示精神懈怠。这些细节都是表示对老师的尊重。你对老师尊重，学习才会有成就。

中华文化之所以能够传承五千多年，就是我们中国人有孝道和师道，孝道和师道是互相配合的。孝道是老师教。你看过去的老师，教你孝敬父母。师道谁教呢？父母教我们要尊敬老师。父母不好意思跟子女说你要好好孝敬我，这个话父母讲不出来，要由老师讲。正是因为有父母老师的配合，我们的人生才能够取得成就。

经典链接：韩愈《师说》

《师说》是唐朝时期韩愈的一篇著名文章，写作的时间是唐贞元十八年（公元802年），韩愈当时任四门博士。这篇文章给我们说明了老师的重要性。任何人都可以做我们的老师，只要我们尊师重道，虚心学习，一定会学有所成。我们来看正文：

> **延伸阅读：**
>
> 韩愈（768~824年），字退之，唐代文学家、哲学家、思想家，河阳（今河南省焦作孟州市）人，世称韩昌黎，晚年任吏部侍郎，又称韩吏部，谥号"文"，又称韩文公。

"**古之学者必有师。师者，所以传道受业解惑也。**"这是讲古代的读书人，一定都有自己的老师。老师的职责，就是传道、受业、解惑。什么是"传道"，道是天地宇宙间万事万物的规律，老师教育学生，最重要的就是要让学生明白天地之道，明白人伦大道，这是教育的根本。"受业"，受是传授，业是学业，也就是要教授学生如何在社会上立足、生存。"解惑"是解除学生的迷惑。这也是告诉我们，我们要想明白人生大道、从事正业，解除心中的疑惑，一定要向老师学习。

"人非生而知之者，孰能无惑？惑而不从师，其为惑也终不解矣。"生而知之的是圣人，连孔老夫子都说自己是学而知之，何况我们这些凡夫。怎么能没有迷惑呢？现在很多人，好像没有迷惑，其实是无知，这种无知之人，比有迷惑的人更为可怕。所谓"无知者无畏"，这种人没有丝毫的敬畏之心，什么都做得出来。如果我们有迷惑，无论是人生的道理，还是学问、知识，如果不向老师学习，就永远是迷惑颠倒的，永远也不明白。

"生乎吾前，其闻道也固先乎吾，吾从而师之；生乎吾后，其闻道也亦先乎吾，吾从而师之。吾师道也，夫庸知其年之先后生于吾乎？是故无贵无贱，无长无少，道之所存，师之所存也。"这是讲生在我前面的人，比我年长的人，一定比我先明白人生大道，我要以他们为师。生在我后面的人，他也一定比我先明白人生大道，我也要向人家学习。我所学习的是"道"，哪管人家是年龄比我大还是比我小呢？要知道，每个人都可以做我的老师啊。因此，选择老师就不会看老师的地位是尊贵还是低贱，是年长还是年少，只要是有道之人，就可以做我的老师啊。

"嗟（jiē）乎！师道之不传也久矣！欲人之无惑也难矣！""嗟乎"是感叹词。当时韩愈也是感叹师道没有了，现在更是如此。师道尊严没有了。根源在哪里，就是现在人没有孝道了，师道的基础是孝道。人不懂得孝亲尊师，要想没有迷惑就很难了。

"古之圣人，其出人也远矣，犹且从师而问焉；今之众人，其下圣人也亦远矣，而耻学于师。是故圣益圣，愚益愚。圣人之所以为圣，愚人之所以为愚，其皆出于此乎？"古代的圣人，他们的资质超出一般人很远，我们看历史上的圣人，大多生来就有天资，比如黄帝、孔子都是如此，但是他们尚且还处处拜人为师学习，现在的人，比圣人的资质不知道要差多少，却耻于向人学习。因此，圣人因为学习而更加圣明，而愚人因为不学习，变得更加愚钝，圣人和愚夫的区别，就在于此啊。

"爱其子，择师而教之；于其身也，则耻师焉，惑矣。"我们做父母，爱自己的子女，知道要为孩子找一个好的老师来教育他，而对我们自己，却耻于向人学习，真的是迷惑啊。实际上，孩子最好的老师，就是父母，如果父母不爱学习，沉迷于玩乐，而希望孩子学习很好，其实是很难的。这也是韩愈批判当时的人，没有学习之风。我们看现在，几乎更是如此。

"彼童子之师，授之书而习其句读(dòu)者，非吾所谓传其道解其惑者也。""童子之师"是私塾老师，教小孩子的，古时候的书没有标点符号的，要读书，先要明白如何断句，教人句读的老师，不是韩愈所讲的能够传道、解惑的老师。

"句读之不知，惑之不解，或师焉，或不(fǒu)焉，小学而大遗，吾未见其明也。"不明白句读，知道向老师请教，但是心中有疑惑，却不知道问老师，只是在小的方面学习，而大的方面却不懂得向人请教，这种人我看也聪明不到哪里啊。我们看现在的家长，常常特别关注孩子的学习成绩，但是对孩子的德行却忽视了。要知道，孩子将来到社会，在社会上立足，靠的是德行而不是成绩啊！真的是把教育的秩序颠倒了。

"巫医乐师百工之人，不耻相师。士大夫之族，曰师曰弟子云者，则群聚而笑之。问之，则曰：'彼与彼年相若也，道相似也。位卑则足羞，官盛则近谀。'"巫医、乐师、各种工匠，这些人都不以互相学习为耻。反而是士大夫这些人，在过去，士大夫都是读书人、做官之人，这些人说起老师、弟子的时候，大家聚集在一起就嘲笑他。问起嘲笑的原因，就说："他和他的年龄差不多，道德学问也差不多，怎么能够称为老师呢？以地位比自己低的人为老师，就会觉得羞耻，以地位比自己高的人为老师，就会让人感觉是在谄媚逢迎。"

"呜呼！师道之不复，可知矣。巫医乐师百工之人，君子不齿，今其智乃反不能及，其可怪也欤（yú）！" "呜呼"是感叹词，这是韩愈感叹当时的师道已经不存，原因就在这里。巫医、乐师、各种工匠，是人们看不起的，但是现在这些所谓的士大夫，智慧却还不及他们，真的是怪事！

"圣人无常师。孔子师郯（tán）子、苌（cháng）弘、师襄、老聃（dān）。郯子之徒，其贤不及孔子。孔子曰：'三人行，则必有我师。'是故弟子不必不如师，师不必贤于弟子，闻道有先后，术业有专攻，如是而已。"意思是说，圣人没有固定的老师，孔子就曾经以郯子为老师，相传郯子是春秋时期郯国的国君，非常孝顺父母，曾经有一个故事"郯子鹿乳"就是记载他行孝的故事。鲁昭公十七年，昭公在郯子第二次朝鲁时设宴款待他，席间问及远古帝王少昊氏以鸟名官之事，郯子引经据典，以古喻今，在座百官无不佩服。当时孔子正游学于鲁国，听闻这件事之后便求学于郯子。此外，孔子还曾经向苌弘请教韶乐和武乐的不同，向鲁国的乐师师襄学习弹琴，向老子学习《周礼》等等。像郯子这样的人，他们的道德学问，未必超过孔子，但是孔子依然向他学习。所以在《论语》里面

> **延伸阅读：**
>
> 《周礼》是儒家经典之一，西周时期的著名政治家、思想家、文学家、军事家周公旦所著。《周礼》所涉及的内容极为丰富。大至天下九州，天文历象；小至沟洫道路，草木虫鱼。凡邦国建制，政法文教，礼乐兵刑，赋税度支，膳食衣饰，寝庙车马，农商医卜，工艺制作，各种名物、典章、制度，无所不包，堪称为"上古文化史之宝库"。

夫子讲道："三人行，则必有我师。"这三个人是谁？一个是自己，一个是好人，一个是恶人，他们都可以做我的老师，人家有优点，我们要学习效法，别人有缺点过失，我们要反省自己，有则改之，无则加勉。所以说，每个人都可以是我们的老师，不一定是要比我们贤德的人才能做我们的老师。每个人闻道有先后的不同，而且各自有专攻的方向，就是这样而已。

"李氏子蟠，年十七，好古文，六艺经传(zhuàn)，皆通习之，不拘于时，学于余。余嘉其能行古道，作《师说》以贻(yí)之。" 这一段是结尾，讲到有一位李氏的儿子李蟠，年纪十七岁，爱好古文，六艺的经文和传文都普遍学习了，不受当时士大夫耻于求师的不良风气的影响，向韩愈学习。所以，韩愈赞赏他能履行古人从师学习的风尚，写了这篇《师说》来送给他。

铭记一生的尊师格言

最后我们分享几句格言。

宋朝的司马光先生曾经讲过，**"经师易遇，人师难求。"** 经师是有知识的老师，博学的老师容易遇到，但是这个人师，就是在德行上能够教导我们的人，很难遇到。我们遇到这样的老师，我们自己要珍惜，真正遇到一位有德的长者，我们要拜人家为老师，好好跟人家学习。

> **延伸阅读：**
>
> 司马光（1019—1086），字君实，号迂叟，陕州夏县（今山西夏县）涑水乡人，世称涑水先生，北宋史学家、文学家。历仕仁宗、英宗、神宗、哲宗四朝，卒赠太师、温国公，谥文正。为人温良谦恭、刚正不阿；做事用功刻苦、勤奋。以"日力不足，继之以夜"自诩，其人格堪称儒学教化下的典范，历来备受人们景仰。

吕不韦在《吕氏春秋》里讲道："**古之圣王，未有不尊师者也。**"古代的圣君明王没有不尊重老师的。我们看历史上周文王他是拜姜太公为老师，大家可能听说过"姜太公钓鱼，愿者上钩"的故事，这是讲周文王去求教老师，第一次是让小兵小将去，姜太公在河边钓鱼，这个人特别奇怪，他钓鱼用直钩，不挂鱼饵。这个小兵去了之后，姜太公就讲"钓啊钓啊，鱼儿不上钩，虾儿来胡闹。"这个小兵就回去了，后来周文王就派一位官员去，官员去了之后，姜太公还是不搭理，周文王知道这是一位圣贤，于是自己亲自斋戒沐浴，带着文武百官去拜见姜太公，最后姜太公才同意辅佐周文王治理天下，创立周朝800年的基业。

在元朝有一位关汉卿先生，他有一句话讲道，**"一日为师，终生为父。"**所以我们现在讲"师父"就是这个意思。做我们的老师，我们对他的尊重要像对父亲一样。

在《吕氏春秋·劝学》中还讲到**"疾学在于尊师"**。疾是快的意思，疾学就是你想要很快地学到知识，最重要的在于你要尊重老师。一个人尊重老师他才能够学问有所成就。

第四章

做一个友悌的读书人

兄弟之间要诚心友爱

前面我们讲了孝亲、尊师，今天这一讲特别来讲悌道。悌是讲我们如何对兄长、对弟弟，长幼之间如何相处。五伦关系里面讲长幼有序，又讲，兄友弟恭。用一个字来表示就是悌。这个悌字，是一个会意字。左边是一个竖心旁，右边一个弟。这个心在弟旁，就是表示哥哥对弟弟妹妹的关心。他心里面有弟弟，这是代表兄弟之间要能够诚心友爱。而且这个弟又有次第的意思，表示是什么呢？表示弟弟对哥哥要恭敬，要顺从。哥哥对弟弟要爱护。兄长能够尽到友爱，弟弟能够尽到恭顺。兄弟能够各尽其道。这是兄弟关系，这是我们人伦当中一种自然的关系。

> **延伸阅读：**
>
> "孝"
> 《说文解字》：善事父母者。从老省，从子。子承老也。呼教切。
>
> "悌"
> 《说文解字》：善兄弟也。从心弟声。经典通用弟。特计切。

两兄弟，或者姐妹，生在前面的，叫哥哥或姐姐，后面出生的叫弟弟，或者叫妹妹。兄弟的这种情感，古人讲，情同手足。兄妹、姐妹这种血缘关系，就跟树木一样，它是同根连枝。所以兄弟之间一定要把亲情放在第一位。不能够把利益放在第一位，如果把利益放在第一位，这就错了。不但违背兄弟之道，也违背孝道。如果兄弟反目，最痛心的是父母。古人讲，三岁看到老。三岁看到老，看什么呢？看他能不能懂得孝悌。能不能够孝敬父母，能不能够友爱兄弟。兄弟之间最重要是要能够懂得互相友爱，互相扶持。不能够伤自己的和气。

《弟子规》的第二篇"出则悌"就是讲悌道的。经文里面讲道:"兄道友,弟道恭,兄弟睦,孝在中。"这是讲,做兄长的道就是要友爱弟弟,做弟弟的道就是要恭顺哥哥。兄弟之间能够做到和睦相处,这就是在行孝。一个人如果很孝敬父母,但是和兄弟处理不好关系,那这个孝不圆满,实际上,也没有真正做到孝敬父母,因为,父母当然是希望自己的子女之间能够相处和睦。如果我们兄弟之间有矛盾,父母会很难过。你看在现在社会当中,我们也经常会看到一些现象,就是父母去世以后,兄弟姐妹为了争夺财产,竟然不惜走上法庭。把父母养育之恩,兄弟间的情感完全抛在脑后。这都是由于我们没有学习伦理道德的教育。

我们看到最近几年来,传统文化开始复兴,确实越来越多这种感动人的、人和人之间遵守伦理道德的故事涌现出来。比如每年都有的这个"感动中国"节目。这里面就有很多感人的故事。

我们接下来给大家讲一个发生在姐弟之间的感人的悌道故事。这是中央电视台在2005年4月28号播放的,讲的是在成都郊区,有一个姓何的人家,弟弟得了肝癌,这个病很严重,生命垂危了,唯一救治的方法,就是要接受肝脏移植手术。但是肝脏很不容易得到,最好的肝脏来源就是他有两个亲生姐姐,这两个姐姐都争着给弟弟捐肝,一个人要活不能没有肝,人身上最多可以切一半的肝。因为,这个肝有再生的能力。虽然再生了,但是对身体有很大的伤害,不可能恢复得跟原来一样。后来两个姐姐商定,她们把自己的肝脏每个人捐献一部分,合起来救自己的弟弟,做肝脏移植手术。这是在成都一个医院做的,手术还挺成功。在手术之前呢,记者知道这个事情,就去采访这两个姐姐,就问她们，你做手术之前插胃管难受不难受，姐姐就讲，管子插到胃里确实很难受，但是想到能救弟弟的命，再难受我们也心甘情愿。后来这个记者又问，做手术的时候比插胃管难受更多，你们能不能受得了？这个姐姐讲，只要能救弟弟，再多的苦，我们都能够忍受。这个弟弟有了姐姐的肝，就能够延长20年、30年的生命。只要弟弟能够活下来，延长寿命，她们自己少活10年、20年也没有关系的。他们家里面兄妹之间、姐弟之间从小有一个观念，就是姐弟如果谁有困难，大家都会积极帮助。哪怕牺牲自己也在所不惜。她们当中有一位姐姐家住在农村，因为要做手术，家里的猪没有人照顾，临走之前把所有的猪就全部卖掉了，把家里的事情全部放下，一心一意到医院做手术，来救自己的弟弟。这姐弟三个，这样的友爱，真正做到无私奉献，让他们的母亲特别感动。所以这个老妈妈讲，这两个姐姐能够无私奉献，姐妹同心协力，这是我们家最大的幸运。

　　这个母亲虽然很心痛，但是看到自己的子女能够和睦相处，也特别的欣慰、特别的感动。这是发生在我们身边姐弟之间友爱、和睦、互相帮助的真实的例子。我们在生活当中，如果看到兄弟之间、姐妹之间有困难，我们要全力帮忙。

兄弟争死，感天动地

　　我们再讲一个古代的故事。在《德育课本》里面，有一个故事叫作《赵孝争死》。在汉朝的时候，有一对兄弟，哥哥叫赵孝，弟弟叫赵礼，兄弟两人相依为命。有一年，年景不好，粮食歉收，天下饥荒，社会动荡不安。有一伙强盗就占据了他们家乡，到处抢劫。有一天这些强盗就闯到赵孝所在的村，村里的百姓都惊慌逃命了，这时赵孝两兄弟都在家中，恰好一伙儿强盗就破门而入，翻箱倒柜，结果又没搜到钱财。兄弟俩看到强盗来了，就赶紧往外跑，因为弟弟赵礼比较小，就跑得比较慢，强盗就把赵礼给抓住了。因为当时饥荒特别严重，这些强盗因为饥饿，就完全失去人性，把赵礼抓到之后，就想把他煮了吃。赵孝跑出来之后，回头一看弟弟没有跟上来，就特别着急，到处询问，后来就知道弟弟被强盗给捉去了。于是他就一个人跑到强盗的据点，恰好看到他弟弟被五花大绑绑到树上，树下支了一口铁锅。锅里的水已经煮开了，这些强盗准备把他的弟弟给煮着吃了。赵孝看到这个情景，立刻就跪在这些强盗面前，哀求强盗的首领："我弟弟有病，他身体这么弱小，身上又没有多少肉，他的肉也不好吃。你们把他放了，让我替他，我身体好，身体胖，你们就吃我吧。"等于是赵孝争着顶替弟弟去死。强盗突然看到赵孝甘愿送死的这种精神，都愣住了，从来没有见过有人甘心送死，这个时候他的弟弟赵礼就在一旁喊，他说："哥哥，是我被他们抓住了，如果我被他们吃了，那是我命中注定的。你赶紧走吧。"而且跟强盗讲："你们一定要吃我的肉，你们把我抓住了。那是我命中注定，我哥哥已经跑了，他没有什么罪。你们不能吃我哥哥，应该吃我。"

听到赵礼这么讲，赵孝就扑向自己的弟弟，兄弟俩抱成一团痛哭。古人讲，人之初，性本善。他们两兄弟这种互相争死的场面，让这些强盗受到很大的震撼。此时此刻，这些穷凶极恶、无恶不作的强盗，内心的本善突然被发掘出来了。他们也想到了自己的兄弟，因为人人都有兄弟。他们被兄弟俩情同手足的情感所感动。大家都掉下眼泪。强盗的首领立刻让人把这两个兄弟放了，说："不能够为难这两兄弟，让他们两个人回村吧。"

这个事情后来被皇帝知道了，皇帝就下令嘉奖这两兄弟，而且给这两兄弟封了相应的官职，把这个事情昭告天下。这是真正兄友弟恭，把兄弟情谊做到了极致，这种真实的情感，不仅感动了这些强盗，而且感动了当时的帝王，感动了天下人。当时皇帝号召天下人都向他们学习。赵孝把兄弟完全看作是自己，为了自己的兄弟，哪怕牺牲自己的性命都在所不惜。这就是我们所讲的悌道。

去除私心，落实悌道

如何能够落实悌道呢？首先就是要去掉我们的私心。私心的产生第一点就是因为财物。贪财的心一定要放下，如果一个人私心很重，孝悌之心就很难生成。

你看《弟子规》里面告诉我们："财物轻，怨何生。"你能够把财物看淡，就不会有争执，不会有怨恨。现在很多家庭兄弟闹矛盾，就是因为财物的问题。所以，要做到兄弟和睦，首先要把财物看淡，不能够因为财物去法庭打官司，导致兄弟反目成仇。如果我们贪财，那么我们的私心、这种贪财的心就会把我们的本善给覆盖住。"悌"也是我们的本善。人本来都是善良的，因为后天受到的教育不同，所以有了善恶的分别。每个人本来都是有良心的。就像我们前面讲的，强盗最后被赵孝两兄弟感动了一样。他也是有良心的。这个良心一旦发现出来，就不会做违背天性的事情，违背伦理道德的事情。

在古代有这种兄弟争死的例子，在现代也有。前两年，在广州，有一则新闻报道，有一个家庭，父亲得了尿毒症，要换肾，他有5个儿女，5个儿女都争着给父亲献肾，争来争去经过医院检查，5个儿女里面，大儿子的血型、肾脏比较适合，所以选了大儿子的肾脏，像这样的例子都特别感人。

一个人的身体都能够奉献出来，身外物，他还有什么舍不得的？所以在《大学》上讲道："宜兄宜弟，而后可以教国人。"这是讲兄弟之间能够和睦，才能够教导国民。我们要想建设和谐社会，首先要从自己开始，从孝顺父母、友爱兄弟开始，尤其不能够因为财物跟兄弟之间起争执，不能够重利轻义。

有一个故事叫《薛包析产》。汉朝有一个叫薛包的人，他特别孝顺。他母亲去世得早，后来父亲娶了一个后妻，这个后妻，就是他的继母，对薛包很不好，看不起他，很多次都把薛包赶出家门。薛包就在家门外附近的一个地方住下来，到了早上、晚上，还是到爹娘的面前来请安。真正做到"晨则省""昏则定"。后来他的父亲和继母都死了，他的弟弟，还有他的侄子都要求分家，薛包劝不住他们。于是就把家里的财产都分了。家里的佣人，年老的跟着他。房屋和田地，破旧的房屋和荒芜的田地分给自己。日用器具，自己只要了一些破旧的。他跟弟弟讲，"这都是我小时候用过的，我心里有一种特别的感情。"把那些好的、新的东西，都分给他的弟弟和侄子。后来，他的弟弟和侄子把家产都败光了，花费掉了，薛包又常常去救济他们。这是什么？这是真正不因财产和弟弟起争执。自己要最差的，把好的让给弟弟。你看他的做法，把好的让出去，自己取差的，跟我们世间人不一样，世间人都是想要什么？想要好的，重财产而轻骨肉啊。如果一个人重财产，轻骨肉，那他就完全违背了性德。要知道，兄弟的情谊要比财富、金钱贵重得多。这是讲的古代让财产的一个故事。

我们再来讲一个不仅是财产能让，连国家都能让的故事。

商朝末年，周文王的祖父太王有三个儿子。他大儿子叫泰伯，第二个儿子叫仲雍，第三个儿子叫季历。泰伯作为长子是孝悌双全。当时，季历生了一个儿子叫姬昌，也就是后来的周文王，生下来的时候，有一只鸟雀衔了一封丹书，停在门户上，这是表示圣人出生的祥瑞。所以当时太王就想把王位传给孙子，希望姬昌能够做帝王。在古代，君位首先要传给长子，但是文王的父亲，季历是排行老三，所以，这样就不能够继承王位。泰伯知道父亲的心思后，就跟二弟两个人一起约定，假称因为父亲有病，两个人去山里采药，两个人就逃到山里面去了。而且，披头散发，身刺花纹，表示自己不能够再继承王位了。这样的话，他的父亲就能够把王位传给季历，再传给姬昌。这是"兄弟让国"，你看兄弟之间，连王位都能够让掉。但是，一个人他有帝王之命，即使让掉了，他还是有。后来泰伯到了吴越这个地方，因为他很有德行，当地的人都拥护他，拥护他为王，成为后来吴国的创始人。所以，你看本来是做帝王的命，即使让掉了，还是做了

> **延伸阅读：**
> 泰伯，吴国第一代君主。姓姬，吴氏，名泰伯，商末岐山（在今陕西）周部落首领，古公父（即周太王）长子。太王欲传位季历及其子昌（即周文王），太伯乃与仲雍让位三弟季历而出逃至荆蛮，号勾吴。

帝王。这是讲"泰伯让国"的故事。

还有一个故事。在五代的时候，有一个叫张士选的人，他也是特别懂得孝悌之道。张士选很小的时候父母就去世了。他跟他的叔叔住在一起，他的祖父留了不少家产，还没有分。到了张士选17岁的时候，他的叔叔就跟他讲，你已经成年了，已经不用我抚养了。我们把你祖父的家产，一分为二。我们两家就平分，这个本来也是很合理的。因为他的叔叔和他的父亲是两兄弟，家产两兄弟一人分一半，这是完全符合常理的。但是，令人没想到的是，17岁的张士选，他是这样回答他叔叔的："叔叔，您有七个儿子，我们应该把家产分成八份才好。"等于自己只要八分之一，他叔叔就觉得不好意思，认为这样做不好。但是，张士选坚持要分为八份，最后没办法，他叔叔只好听从。这是什么？这是真正不贪图家产。能够把家财让出去，当时他才17岁，就能够放下这些利益。

当时张士选在书馆读书，有一次一个看相的人经过书馆，看到张士选的面相，就对这个书馆的先生讲，这个人满面的阴骘纹，一定是积了大德，将来一定会考中状元。后来张士选果然就中了状元。

所以一个人不贪图财物，能够礼让，让掉之后你能得福。你如果是贪，你贪到的也是你命里有的，如果你命里没有，你贪也贪不到。你如果能让，你反而能够得更大的福。所以不要争，不要贪图利益。

兄弟之间要注意言语

《弟子规》上讲:"言语忍,忿自泯。"就是讲我们讲话要能够忍耐,不说过激的话,不说伤人的话,讲话留一些情面,给别人多一些尊重,这样就不会刺痛对方,不会引起别人的怨恨。言语在孔门四科里面排第二,说明这是一门很重要的学问。

古人常讲:"口为祸福之门。"讲话一不留意,往往就会种下祸根。说话往往是讲者无心,听者有意。有的时候我们自己无心说了一些过于尖苛的话,往往让对方怀恨在心,自己还不知道。尤其是我们平时交往最多的人,包括家里的父母、兄弟,包括君臣、夫妇,这个时候我们讲话要特别注意。

在汉朝的时候,有一个叫郑钧的人,他的哥哥在县衙里当一个小官,常常收人家的礼物。郑钧就劝他哥哥不要收别人的礼物。因为他对哥哥特别的恭顺,不可能对哥哥说很难听的话。但是劝了好几次,他哥哥老是不听。郑钧只能另外想办法。他就出去到别人家去做工,过了一年多才回来。把做工得来的钱和物,都给了哥哥。而且跟他哥哥讲,物品用完了,我们可以再用劳动换回来。如果做官收了贿赂,犯了罪,一生的名誉就完了。他把这个话讲完之后,他真正用自己的行动感动了哥哥,他哥哥受到他的影响,立刻就觉悟了,变得非常廉洁。

郑钧平时特别孝悌,做人很讲义气,也诚实守信。后来,他因为很有德行,被选拔做了官员,最后做到了尚书官,常常劝谏皇上。那时候汉朝的肃宗皇帝，对他特别敬重，在皇帝巡视的时候，就特别到他家里，而且赐他终生享尚书的俸禄。

郑钧确实是能够懂得如何劝谏兄长，他不是把话说得很难听，而是以自己的行为让哥哥受到感化。这是古人讲的，以身教者从，以言教者讼。真正以身作则，做出来就能够感动人，如果只是说，人家未必听。所以这是让我们在落实悌道的时候要懂得注意说话的艺术，而且重要的是用我们的行动来感化人。

在生活中落实悌道

我们再讲如何在生活中落实悌道。悌道，最重要是要做到长幼有序。兄弟之间，包括我们在生活当中跟长者交往，一定要讲求礼节。

《弟子规》里面就说道："或饮食，或坐走，长者先，幼者后。"这是讲吃饭，或者是走路，饮食起居都要尊重长者，比我们年长的都要尊重。不管是年龄跟我们父母一样大的，还是长我们几岁的我们都要尊重，这是一种秩序，符合天地自然的秩序。如果在生活中，处事待人接物你能够遵守这种秩序，大家会感觉很舒服。你要是违背，往往就会不受人欢迎，让人很反感。

《弟子规》还讲道："长呼人，即代叫，人不在，己即到。"就是长者呼唤他人的时候，我们做晚辈的应该马上代他去呼唤这个人。长辈年纪大，或者地位高，我们作为晚辈的要有这种服务的精神，要懂得待人之道，代替他做这些事情。如果他叫的这个人不在,我们要马上回到长辈那里到,看长辈有什么吩咐,能不能够替长辈做些事情。所以我们时时刻刻要有服务长辈的心理,常常能够想到去帮忙别人。

《弟子规》里面还教导我们:"称尊长,勿呼名。"对待长辈,对待老师领导,比我们年长的人,甚至我们同辈的人,都不应该直接称呼人家的名字,这是对人表示一种尊重。应该怎么称呼呢?我们可以称呼对方的头衔,或者是职称,或者是对方跟我们的关系。比如说,叔叔、伯伯,比如老师,还有他的职位,这些都是尊称。比我们年长的同学、同辈的人,我们可以叫大哥、兄长,这都是对人的尊重。如果直接呼人家的名字,这是非常不礼貌的行为,这是教我们处处要培养自己的恭敬心。

《弟子规》里面还讲:"对尊长,勿见能。"在尊长面前不要表现自己的才华、自己的能力。一个人最重要的要懂得谦虚,不要有炫耀自己才华的心理。你有谦卑的心,你才能够学到更多学问。如果爱好表现,尊长就不愿意教我们了,所以好学之人,一定是懂得韬光养晦的人,处处能够谦卑,长养自己的谦德。尤其是在老师面前,在我们学长面前,都要懂得谦虚。

《弟子规》里面还讲道:"路遇长,疾趋揖,长无言,退恭立。"在路上遇到长辈,应该赶紧上前向他鞠躬作揖,向他行礼,这是表示对尊长的恭敬。"疾"是上前(看见长辈来了,或者说我们的老师,或者是领导),我们要立刻上前行礼,这是恭敬。如果长辈来了,我们还大摇大摆在这里走,这个形象就是特别傲慢。一个人傲慢就不可能得到他人的尊敬。他学东西也不可能学得进去,能够受教的空间就小了。

《弟子规》还讲:"骑下马,乘下车,过犹待,百步余。"

古代的人是骑马或者乘车，过去的马车，如同现在的交通工具。我们在路上要向长辈行礼，如果你开着车呢，骑着自行车呢，这个时候要看具体的情况，如果就地停车会违反交通规则，这也不可以，我们要懂得活学活用。

"长者立，幼勿坐，长者坐，命乃坐。"长者站着的时候，我们年轻人，小辈的就不能够坐着，这是特别的无礼，应该是长辈先坐，长辈坐下的时候，我们不能够看他坐下了，我们马上就坐下来，一定要等长辈叫我们坐的时候才能坐。长辈叫我们坐，我们就要立刻坐，如果不坐这也不好。古人讲恭敬不如从命。

什么叫恭敬不如从命？就是你要听话，听长辈的话，这才叫恭敬，就是不能有自己的意思。

"尊长前，声要低，低不闻，却非宜。"在尊长面前说话声音不能够太大的，声音大表示我们没有礼貌，对长辈不尊重。在长辈面前说话要柔和，面色要柔和，不能够太激烈，当然声音也不能太小，如果太小的话也不恰当，要让长辈听起来刚好听得清楚，心里特别安定舒畅，这是表示对长辈的尊重。

"进必趋，退必迟，问起对，视勿移。"进必趋，就是讲我们见到长辈马上要快步向前去行礼问安，退下来的时候要慢，如果和这个做法相反就不合理。我们想想看，长辈在那里，我们大摇大摆地慢慢地走过去行礼，这很不好。在告辞的时候，我们跟长辈告辞不能特别急，否则也会让长辈产生一些不好的想法，是不是讨厌我，是不是对我特别的畏惧，所以必须做到："进必趋，退必迟。"见到长辈要很快地走过去，退的时候要慢慢地退，这样才符合礼节。"问起对，视勿移。"长辈问我们事情的时候，我们如果是坐着的，这个时候立刻要站起来恭恭敬敬地回答，回答的时候眼神要安定，要看着长辈，眼睛不能动来动去，眼睛动来动去会给人心不安的感觉，或者是让人感觉我们心里另有所想，这个感觉都不好。

我们再看，我们对自己的兄弟友爱，尊敬长辈，我们还要把这个悌道精神进而扩而大之，要扩大到什么范围呢？对所有的人。在《弟子规》里面讲道："事诸父，如事父，事诸兄，如事兄。"就是对所有人的父亲都像对自己的父亲一样。对所有比我们年长的人，都像对对自己兄长一样，要把孝悌这个德，孝悌的这个诚心，扩展到一切人。用孝敬心对待所有的人。

在《论语》里面，孔老夫子就讲道：**"君子敬而无失，与人恭而有礼，四海之内，皆兄弟也。"**君子对所有人都恭敬了，不会有失礼的时候，见到所有人都恭敬有礼。你能够这样做，等于就是把四海之内的人，都看成自己的兄弟。你能够这么做，四海之内的人也能够把你当兄弟看待。因为什么？你如何对待他人，他人就会如何对待你，所以孔子讲四海之内皆兄弟也。人人都是我们的兄弟，人人都是我们的亲人。我们对一切人都用这种孝悌之心，不要有任何的分别。

孟子曾经讲过：**"老吾老，以及人之老，幼吾幼，以及人之幼。"**对一切长辈就要像对待自己父母一样孝顺恭敬；对年幼的人，就像对待自己儿女弟妹一样，这个爱心的原点就是孝悌。我们能够把这个孝悌之心，用在对一切人、事、物，我们离圣贤之道就不远了。孟子曾经讲：**"亲亲而后仁民，仁民而后爱物。"**这个亲亲就是亲爱自己的亲人，能够对父母孝顺，能够敬爱兄弟，然后你会对一切人都有爱敬的诚心。这个就是仁民了。有对一切人的爱敬了，你进而对一切事物都产生爱敬之心，这就是仁民而后爱物。这里说到底,就是一个爱心,这个爱心就是我们讲的孝悌之心,把这个孝悌之心用在不同的关系上,就会有不同的表现。古人讲的是五伦十义,父慈子孝,兄友弟恭,君仁臣忠,夫义妇听,长幼有序,这十种不同的关系,都是我们这个爱心在起作用。而这个爱心的原点就是一个孝道,就是孝悌之心。

经典链接:法昭禅师的《兄弟偈》

最后我们再来看一首诗,专门讲悌道的。

在古代,有一位法昭禅师,他写了一首描述兄弟情谊的诗,叫作《兄弟偈》,诗是这样写的:

"同气连枝各自荣,些些言语莫伤情,
一回相见一回老,能得几时为弟兄。
弟兄同居忍便安,莫因毫末起争端,
眼前生子又兄弟,留与儿孙作样看。"

看到这一首诗,我们都会特别的感动,想到兄弟之间这种天然的亲情,我们应该要好好地珍惜这种兄弟的缘分。

"同气连枝各自荣",这是讲兄弟的关系,好像一棵树延伸出来的树枝一样,它们都出自同一个根,同一个干。就像我们兄弟姐妹,都是同一父母所生。

"些些言语莫伤情",要知道在家里,最常用的沟通方法就是言语,所以兄弟之间交往的时候,讲话要柔顺,要和谐,绝对不能够讲话很冲。所以《弟子规》里面讲："言语忍，忿自泯。"人跟人之所以发生冲突，很多时候都是因为言语不合。

"一回相见一回老"，人到一定年纪之后，对这一点就会更有感觉，尤其是兄弟姐妹各自成家之后，未必能经常聚在一起，再见一次可能就会发现兄弟姐妹，年纪都大了，可能头上又多了几根白发，所以一回相见一回老。

"能得几时为弟兄"，随着我们年龄不断地增大，也意味着我们一步一步走近人生的终点，能够在世间做兄弟姐妹的时间不多了，要好好珍惜这种情谊。

"弟兄同居忍便安"，弟兄同居，这是讲兄弟住在一起，在一起生活、相处，一定要懂得忍让，要懂得谦让。

"莫因毫末起争端"，不应该因为小小的事故起争执，要知道兄弟之间起争执，这是不孝、不悌，最难过的是什么人？最难过的是我们的父母。父母看到子女吵架，肯定心里特别的难过。

"眼前生子又兄弟"，兄弟姐妹以后自己都要有孩子，他们之间也是兄弟姐妹的关系。我们上一代能够做到兄友弟恭，你才能够给儿孙做一个好榜样。

"留与儿孙作样看"，这是讲我们自己要给儿孙做一个榜样。

细细体会这一首诗，你就能够感受到这种浓浓的兄弟姐妹的情谊，告诉我们如何尽悌道。

在唐朝的时候有一位大臣叫李勣，他特别受到唐太宗的赏识。李勣不仅是一个忠臣，还是一个孝子，侍奉父母侍奉兄弟姐妹都非常的尽心尽力。他晚年的时候，去看他姐姐，亲自给他姐姐熬粥。有一次在熬粥吹火的时候，刚好把火吹到自己的胡子上，他的姐姐就跟他讲，"家里面这么多仆人呢，你让他们去做就好了，你不要再自己工作了。"因为他是大臣，地位很高，用不着自己做这些事情。结果李勣怎么讲？他说，"姐姐你都80好几了，我也70多岁了，做弟弟的还有多少机会为你做事情，能够亲手给你煮粥的机会也不多了。"

在我们生活当中，有两种力量是完全不求回馈的，在我们生活当中，需要帮助的时候，谁会毫不求回报地帮助我们？这就是我们的父母兄弟，我们一帆风顺的时候，可能会忽略亲情的存在。当我们遇到逆境回到家的时候，最能够给我们安慰的就是我们的父母兄弟，所以我们不能够为了一些利益，为了自己追求财富或权力伤害亲情，甚至不孝敬父母，不友爱兄弟。

在隋朝的时候，有这样一个故事：有一户田姓家里有三兄弟，叫田真、田庆、田广。三兄弟后来分别都成家了，于是兄弟三人就想各自发展，他们决定把家产分了，分成三份。这样分，分到最后只剩下家里庭院当中的一棵紫荆树，这棵紫荆树开着紫荆花，特别的漂亮，几十年来，一直是欣欣向荣，就好像是在象征着这个家庭的兴旺，一代又一代的田氏子孙都是在这棵紫荆树下成长起来的。

这时哥哥田真就感叹说："我们田家的历史有多长，这棵紫荆树就有多老，分了多可惜啊。"二弟田庆就不以为然，说："我们的家产都分了，留这棵树也没用，不行把这棵树也分了。"最小的弟弟田广更加是精打细算，他说："二哥讲得有理，紫荆树的树皮都可以入药，我们把它砍掉，一人一份，说不定还能卖个好价钱。我们分家之后谁还有时间照顾它啊。"

大哥田真听了两个弟弟的话就很难受，说："这样不行的，我们怎么能够忍心伤害这棵树，伤害这棵树上的花朵，这棵树陪着我们家一代又一代的人成长。这是我们家族繁荣的见证，怎么能够伤害它？"

结果这两个弟弟呢，还是执意要分，说："大哥你别犯傻了，以后谁还注意这棵树啊，你要是不肯，我就跟弟弟对半分。"

田真看到两个弟弟这么坚持，他也没办法，于是就决定在第二天把这棵紫荆树砍成三段。田真心里特别难受，看到这个家，看到这棵茂盛的老树，特别的感叹。当天晚上一夜都睡不着，第二天起来，突然发现原来茂盛挺拔的紫荆树，突然一夜之间就枯萎了，原来的叶子都是特别翠绿可人的，特别漂亮的，突然就枯死了，看到的人都大惊失色。这三兄弟突然就想，这棵紫荆树也会伤心，知道自己的躯干会被砍成三截，先自行了断。三兄弟看到这个情形特别的吃惊，然后就开始忏悔，说为什么我们三兄弟手足之情最后搞成这样，连树都感到伤心。所以这两个弟弟就特别的沮丧、羞愧。这时大哥田真就讲了："这棵树木原本就是同气连枝各自荣，听说自己要被砍成三段才会如此难过，我们连树木都不如。"

这时，两个弟弟看到这个情景也是特别有感悟，就想起自己小时候，和哥哥兄弟之间大家同吃同住同出同入，共同休息，在父母身边嬉笑，现在父母去世了，兄弟之间闹着要分家，特别的惭愧。于是三兄弟就决定，兄弟之间一定要团结起来，如果我们不团结，父母在天之灵都会掉眼泪，一定会比这棵紫荆树还要伤心。于是三兄弟就把手紧紧握在一起，把原先分家的契约也给烧毁了，决定团结起来，把家合在一起，一心经营这个家，希望这个家能够发达。结果三兄弟作了这个决定之后，第二天，这棵紫荆树的叶子就绿了。

这是在南朝梁吴均《续齐谐记》里记载的一个故事，告诉我们兄弟是手足，跟树一样，都是同气连枝的共同体，大家能够和谐共处才能够繁茂兴盛，如果彼此产生对立、罅隙，这棵树就会感到难过，会受到伤害。

一个人有孝悌之心，有这种德行，他才能够真正取得成就，如果一个人连父母都不爱，连兄弟都不爱，他到社会上也是很难受到欢迎，必定也是很难成就一番事业，所以我们要想人生有成就，一定要从落实孝悌开始。

感动一生的孝悌格言

我们再来学习一些格言。

在《易经》里面有一句话叫："**二人同心，其利断金。**"古人讲："兄弟一条心，泥土变黄金"，我们真正能够做到孝悌，大家一条心，就能够把这个家经营好，把自己的事业经营好。

《诗经》里面有一句话说："**兄弟阋于墙，外御其侮。**" 阋是争吵的意思，墙是指家里面，意思是说，兄弟之间在家里面争吵，但是总是会共同面对外面的欺侮。俗话讲，"打虎亲兄弟，上阵父子兵。"中国古人教导我们要"以和为贵"，家和万事兴嘛！一个家里，兄弟姊妹之间，产生分歧和矛盾在所难免，但是，不应该争吵，应该用真诚和宽容的心去沟通。尤其是面对外来的欺辱时，更要团结一致，共同对外。因此《左传》上也说："兄弟虽有小忿，不废懿亲。" 忿是生气，懿是美好，这句话的意思就是，兄弟间虽然难免有一些小摩擦，但还是一脉相连的亲缘。

《增广贤文》里面有一句话讲道："**千经万典，孝悌为先。**"圣贤的经典，教导我们的核心就是孝悌二字，因此孟子曾说："尧舜之道，孝悌而已矣。"一个人能够把孝悌做圆满，就能够成圣成贤。

明代的程允升曾经说："**世间最难得者兄弟。**"我们在人世间，可以有很多朋友，但是兄弟是与生俱来的，天然的亲情，是非常难得的。尤其是现在，很多人家是独生子女，没有兄弟姐妹，这种兄弟之情就更为难得，更要珍惜。所以《诗经》上有言："凡今之人，莫如兄弟。"也就是说，天下之人，没有比兄弟更亲的，我们一定要珍惜兄弟之情。

《论语·颜渊》里面孔夫子说："**君子敬而无失，与人恭而有礼，四海之内，皆兄弟也。**"意思是说，一个有德行的君子，对人人都恭敬有礼，不会有失礼的地方，这样的话，普天之下的人都会和我们以兄弟相交。

第五章
学会惜福

珍惜自己的福报

我们今天和大家谈谈惜福的重要性。有一位智慧的长者曾经讲过，人生要懂得惜福、培福、造福。你能惜福、培福、造福，最终才能够享福。

"惜福"就是珍惜自己的福报。尤其是在青少年的时代，我们不能够为社会作出很大的贡献，甚至是要享受父母给我们的关爱，社会提供的种种服务，我们才能够成长。在这个过程当中，就要特别懂得惜福。等到我们走向社会之后，有能力为他人服务的时候，我们要懂得培福。等到我们事业有成，有一定的成就，要懂得为社会造福。我们一生能够惜福、培福，能够造福，你的人生才能够有幸福的晚年。这样才能有福报，能够享福，这个享福不是说你生活很奢华，最重要的是要你人生幸福美满，身体健康，没有疾病。

我们看这个"福"字的意思，在中国汉字的意思里面，福跟祸是相反的。什么叫福呢？在《说文解字》里面讲，这个福就是"佑"的意思。佑就是能够得到上天的帮助、保佑。你做什么事都能够平安、吉祥，这个叫"福"，反过来呢就叫"祸"。祸是灾殃、祸患的意思。

也就是讲，我们人活在世间，没有灾殃、没有祸患就是福。你身体健康、平平安安，人生没有遇到各种横祸，各种不如意的事，那你就是身在福中了。但是我们很多人身在福中不知福，并不觉得这种没有灾祸的日子,这种平安的日子就是福,反而是心无厌足,唯得多求。就是贪各种身外物,希望有更多的钱,拥有更多的财产,任何东西都永无止境地去追求。这样的人生呢,就过得非常苦恼。所以,人生要懂得什么是福。

古人对幸福的定义

我们常常希望自己的人生生活过得很幸福,但是对于幸福的定义,却往往自己都搞不清楚。

什么是幸福呢?我们中国人常常讲"五福临门"。但是你如果去大街上问人,"五福临门"是什么意思?可能知道的人很少。

这都是由于我们近百年来,抛弃了传统文化的教育,抛弃了我们祖宗的教诲,对幸福人生已经没有一个标准。有的人认为有钱就是幸福,有的人认为吃得好、住得好叫幸福。但是,什么是幸福?中国古人有一个标准的定义,这个定义就是"五福"。

"五福"出自《尚书·洪范》,根据《尚书》里面的解释:"一曰寿、二曰富、三曰康宁、四曰攸好德、五曰考终命。"第一是长寿,长寿就是我们一生能够有很长的寿命,不会半途夭折,或者中年去世。这是第一福。第二是富贵,意思是你生活不会缺乏,而且有地位。第三是康宁,"康"是讲我们身体健康,"宁"是讲我们心灵安宁。不仅身体健康而且精神上很富足,内心生活得非常平静。

延伸阅读:

"五福"这个名词,原出于《书经》和《洪范》。五福的第一福是"长寿",第二福是"富贵",第三福是"康宁",第四福是"攸好德",第五福是"善终"。

第四是"攸好德",就是我们能够懂得修德,生性纯心仁厚。第五是"考终命",就是你能够善终,甚至你能够预先知道自己的死期,临终的时候身体没有病苦,没有烦恼,毫无牵挂地离开人世。这就叫作"五福"。

我们人一生中,要得到这个五福非常不容易。很少有人能够做到五福具全的。你比如说有的人,他有长寿,但没有富贵,生活一直很穷;有的人富贵,但是健康情况很不好,有钱但是天天要吃药打针;有的人贫贱,结果能够得善终,有的人富贵,最后临终反而遇到横祸,死得很惨。所以各种人生的境遇多得数不清。五福如果不能够全,就是不圆满的人生。

首先我们讲寿命,寿命是人的第一大福,一个人一生再有福报,如果没有寿命,那他这个再多的福,日子过得再好,再有地位,再有钱财,再有学识,那都没有用。你看世间有很多这样的人,年纪轻轻就去世了。比如历史上有一位很有名的诗人叫王勃,很有才华,但是很年轻就去世了。前些年有一个企业家,这个企业很大,但是自己英年早逝,这是虽然有富贵,但是没有寿命。所以,活在世间,第一大福报就是要有寿命。

第二是要有富贵,富是有财富,贵是有地位。富贵不是每个人都能求得到,你看有的人,生来就出生在富贵之家,有的人生来就出生在贫贱之家,每个人人生不一样,有的人一生求发达富贵,但是结果求不到。这都是由于我们不明白,如何得到五福的原理。

第三是康宁,康宁是身体健康,内心安宁。我们看到,现在社会经济很发达,人们的生活条件得到很大的改善。但是,我们发现一个问题,那就是现在人的身体健康状况,反而出现很多问题。很多人都生活在这种亚健康的状态。到医院里面去，各种病患的人特别多，尤其是现在各种疾病的名称比过去也要多很多，这都是我们不懂得真正获得健康的原因。

第四是攸好德，就是你要懂得修养自己的德行，这是我们五福当中，最重要的。你能够好好地修德行，你才能够真正有福报。如果一个人不懂得修德行善，你就不可能有很大的福报，即使你有很大的福报，如果你不积德行善，这个福报很容易消掉。所以攸好德是五福当中最重要的一条。其他四福是果，修德是因。

第五个是考终命，也就是善终。你看有的人，他身体也健康，也有地位，也有财富，但是临终却很痛苦，不是得了癌症，就是遇到灾祸，不能够得善终，这样的人生也不圆满。所以要想有"五福"，得到五福齐全的人生，要从哪里做起呢？就是要从修好德开始，就是要懂得积德行善，要懂得惜福、积福。懂得珍惜自己的福报，懂得为自己积攒福报，你的人生，才能够获得幸福。

做人一定要惜福

中国有一句古话，叫作"身在福中不知福"，我们现在社会经济非常发达，但是很多人未必能做到安分知足，不懂得珍惜。虽然现在生活条件很好，但是很多人贪心很重，很少有人能够珍惜眼前的福报。反而是铺张浪费，糟践自己的福报。

古人有一句话讲道："**井涸而后知水之可贵，病而后知健康之可贵，兵燹而后知清平之可贵，失业而后知有业之可贵。**"意思是井水干了之后,才知道水非常可贵,平时井里一直冒水的时候没有人珍惜。现在水源受到污染,这种来自高山、来自没有污染的湖泊的水,现在都可以卖钱了。我们平时在生活中不懂得珍惜,生病了之后,你才知道健康是多么难能可贵。平时我们不注意,等到我们生了病,躺在病床上就后悔了。在战争年代,你才知道太平盛世的可贵,我们现在生活在一个安定的社会,体会不到战争时期人们的痛苦,所以不懂得珍惜这种来之不易的生活。这都是不懂得惜福。

人如果不懂得惜福,那他未来的人生一定会有痛苦的时候,甚至难免遇到灾祸。比如说现在城市里的一些孩子,他有福报,你看生下来不用干活,每天生活都有人照顾,但是,这样的生活不一定是件好事。因为这个孩子从小如果都是他人为他服务,享受这种福报,最终他这个福报有享完的一天,福报享尽了,他就要受苦了。不像过去农村的孩子,农村的孩子他比较苦,小时候要做很多事情,每天要劳动,要吃很多苦,要干很多活,非常辛劳,但是他养成这种吃苦耐劳精神,有这种精神,他未来的人生遇到困难,他就不会退缩。

城里的孩子吃不了苦,等到长大成人,走向社会的时候,他在社会当中遇到一些困难,就退缩,很难成就一番大事业。所以你看,历史上凡是成就大业的人,往往出身贫寒。生活在富贵之家,能够成就功业的人那就非常少。因为什么?他从小就享福,不懂得珍惜自己的福报。

在《韩非子》里面有一段话,讲得特别明白,为什么这个福不一定是件好事呢?韩非子讲道:**"人有福则富贵至,富贵至则衣食美,衣食美则骄心生,骄心生则行邪僻而动弃理。行邪僻则身死**

夭，动弃理则无成功。夫内有死夭之难，而外无成功之名者，大祸也。而祸本生于有福，故曰：'福兮祸之所伏'。"

> **延伸阅读：**
>
> 韩非子（约前281—前233），战国末期韩国（今河南省新郑市）人。思想家、哲学家、政论家，法家的代表人物。《史记》记载，韩非精于"刑名法术之学"，与秦相李斯都是荀子的学生。韩非文章出众，连李斯也自叹不如。他的著作很多，主要收集在《韩非子》一书中。

一个人有福报，就会得到富贵。你比如说生在富贵之家的人，小孩往往是有福报的人，他没有福报就不可能投生在富贵之家，生在富贵之家，那他的衣食都会特别丰足，每天穿好的吃好的，就会产生骄慢之心。你产生骄慢之心，行为就会违背正道，"邪僻"就是不能够和伦理道德相应，而且会违背常理。这是讲"行邪僻而动弃理"。他的行为举止一定会违反伦理道德、天地之道，尤其是这种有钱人家的孩子，很容易养成很多不良的习气。所以他行为邪僻，就等于是把自己往死亡之路上引。"行邪僻则身死夭。"因为你的行为举止不符合常理，自然就会给自己带来灾祸。比如说现在有一些富贵人家的子弟，喜欢玩赛车，这个往往就会造成车祸，甚至给自己带来死亡的威胁。还有天天玩电子游戏，甚至吸毒，这些都等于是把自己往死亡之路上引，人生很难有一个好的结果。"动弃理则无成功"，他的行为举止违背常理，不可能取得事业的成功。这样的人，"内有死夭之难"，内在这种人会给自己人生埋下祸根，外在又不可能取得成功。这是人生的大祸，所以你看吗，"祸生于有福"。所以一个人福报大，这背后往往隐藏着灾祸，老子讲："福兮祸之所伏"，你生活在福当中，这里面往往就埋藏着灾祸，要想没有灾祸，一定要懂得惜福。所以人一定要懂得珍惜自己的福报。因为你福报没有了，人生就很苦了。你看在过去，50年前，我们国家大家生活都非常贫困，粮食匮乏，今天我们的生活很富有,但是我们不珍惜,很多人都忘了过去我们过的这种苦日子,都渐渐变得奢侈起来。古人讲过:"历览前贤国与家,成由勤俭败由奢。"一旦一个人喜欢过奢侈的生活,那他人生就离灾祸不远了,这个家道就离败亡不远了。所以一个人要想有成就,从小要懂得惜福。

惜福重在知足与勤俭

惜福最重要的有两点,第一是要知足,节制自己的欲望。第二是勤俭,生活要有节度。

古人讲"欲不可纵",欲望不可放纵,要知道这个欲望一旦放纵,那就欲壑难填。所以老子讲过:"祸莫大于不知足。"人生最大的灾祸,就是不懂得知足。

第二个是要节俭。你生活要懂得节俭,尤其是现在我们看到城市里的小孩,从小生活很好,粮食随便浪费,衣服穿两天就不要了。父母给的零花钱,没两下就花完了。穿衣服,用的东西都要追求名牌。要知道,人的一生福报是有限的。如果小时候享福,等你老了,等你长大了,你的福报就没有了。福报没有了,那你就会生活很困苦,要钱钱没有,要健康健康没有,你的人生就处处是苦。所以古人讲:"惜衣,惜食,非为惜财缘惜福。"珍惜衣服,珍惜食物,并不只是我们自己吝啬,舍不得花这个钱,而是为了珍惜自己的福报。你比如说,半碗米饭,如果用现在的货币来衡量,并不值多少钱,但是我们要想到这半碗米饭有多少劳动人的血汗，有多少辛劳和汗水。我们不能够不珍惜。古人讲："锄禾日当午，汗滴禾下土。谁知盘中餐，粒粒皆辛苦。"每一粒饭那都是通过辛勤劳作才能得来的，包括我们现在用一张卫生纸，现在人用卫生纸，都是特别的浪费。要知道，每一张纸都要耗费很多自然资源。

现在造纸都要用木头，而木头要十年才能够长成，非常不容易，自然资源是不可再生的。形成需要很长的时间，我们不能浪费这种自然资源，不要认为我有钱，有钱难道你就可以糟蹋吗？要知道，等到你没有福报的时候，你的钱用尽的时候，你的福报享尽的时候，你身在苦中，你后悔就来不及了。所以，古人教导我们："一粥一饭，当思来之不易。半丝半缕，恒念物力维艰。"我们吃饭，我们生活中所有的东西，吃饭、穿衣，用的每一件物品，要想到它得来不容易。

古代有一位学者，叫焦澹园，他曾经讲过这样一段话："**人生衣食财禄，皆有定数，当留有余不尽之意。故节约不贪，则可延寿；奢侈过求，受尽则终；未见暴殄之人得皓首也。**"就是说我们人的衣食财禄，一生穿的衣服，吃的食物，你用的钱财，甚至你一生得到的俸禄，那都是有定数的。一生有多少，命里面都有定数。所以，应该要珍惜。不要把它享完、用尽，所以要懂得节制，不要贪求，你能够节制，不贪求，自然就能够延长我们的寿命。寿命是多少第一大福报。

你看为什么有的人年纪轻轻就去世了？都是因为不懂得惜福。福报享尽了，寿命就没有了。所以，古人讲到，你奢侈过度，生活特别奢华，就好比你把你一生的福报，放在一个时间段一下子享受完，你把这个福报享完之后，福报受尽了，那你的生命也就走到了终点。历史上,这些暴殄天物的人,铺张浪费,耗费自然资源的人,很难得到善终。我们在生活中,如果仔细观察,你就能看到,凡是那些奢靡放纵的人,挥霍无度的人,他们的晚年往往是很凄惨的,真正能够得到福寿双全这样的人特别少。

为什么会这样呢?就是他们先把福享尽了。福享尽了,等于是透支了,你就没有福了。那你看现在那些街头流浪汉,家里生活很穷的人,有的很有可能过去家里都是很富裕。家里都是有田有产的人,为什么沦落到这个地步?就是不珍惜自己的福报。所以,人要懂得惜福,这是我们一定要从小养成的一种观念,你能够懂得惜福,你的人生才能够一帆风顺,才能够没有灾祸,才能够真正地趋吉避凶。否则你把福报享完之后,那留给你的人生,未来的日子,那就只有吃苦了。

中国有两个成语,一个叫"苦尽甘来",你把苦吃尽了,最后就是过甜蜜的日子,你看现在我们很多小孩,很多青少年,一开始是过着很甜蜜的日子,衣来伸手,饭来张口,日子过得很潇洒。天天受人的服侍,要知道你的这种甜的日子,过完之后,那最后你就是受苦了。还有一个叫"福尽悲来",你先享福,福享尽了,最后灾祸就来了。

没有任何东西是理所当然的

台湾有一位学者叫钱复,他是钱思亮的儿子,这是台湾一位著名的科学家。钱复1998年在马英九当选台北市长的典礼上,曾经应邀在典礼上讲话。他的讲话只有八个字，但是对我们现在年轻人很有价值。这八个字就是：惜福、积德、兼听、慎断。

第一个就是惜福。为什么把惜福摆在第一位，他就讲到，因为惜福对我们的人生太重要了。我们现在年轻人往往没有受过这种教育，不懂得什么叫惜福，甚至觉得生活当中一切都是理所当然的，我生来就应该享受的，人生就是来吃喝玩乐的，有很多人有这样的观念。这都是我们从小没有受过教育。要知道，我们生活中用的、吃的、穿的，都是得靠大家努力才能够得来的，都是来之不易，要懂得珍惜。即使那些价格低廉的物品，哪怕一张卫生纸、一个垃圾袋，这也不是说它便宜，我们就能够随便糟践的。这里面都凝聚着很多人的心血，而且要耗费地球的资源，我们不能够不珍惜。

钱复老先生在文章里面就讲到，他每天梳完头之后，他有一个习惯，就是用卫生纸把梳子上的那些头发都包上，包上之后，这个卫生纸还有用，再把它折好，用它擦眼镜，擦完眼镜之后啊，再用它擦脸盆上的水，每次这张卫生纸都要让它物尽其用，然后才丢弃。他生活在富贵人家，曾经做过高官，但是，就是这样一位长者，却能够保持这样的惜福的态度，保持这样的一种节俭的习惯，非常难得。

他讲到他自己，他有一件穿了20年的西装，只要没有破损，他照样能够穿下去。现在人不一样，现在人衣服穿几天他就不要了，买来东西不常使用，成为垃圾。尤其是现在有的年轻人，一件衣服买了，穿了一两次，觉得不好看，就给它扔了。这都是非常不好的一种行为。这是折损我们的福报。要知道，你的福报是有限的，年轻的时候，你如此糟践物品，到老了，你就没有福了。没福，你的日子就苦了。所以，生活当中，小到一粒米、一张纸，我们都要懂得珍惜。

惜福，很重要的一点，就是我们要有良好的家庭教育。尤其是现在年轻的父母，可能也不懂得惜福。以为我有钱，我就干什么都可以。我用钱买就可以，什么都可以用钱买到。要知道如果你的孩子养成这样一种习惯，这是他人生最大的危机。你看古代的父母，都懂得教孩子要惜福，珍惜物品，在过去的小学课本上，就有一首《锄禾》的诗："锄禾日当午，汗滴禾下土。谁知盘中餐，粒粒皆辛苦。"也就是说，我们要珍惜粮食。碗里的每一粒饭你都要吃完，你才对得起辛勤耕耘的农夫。反观我们现在很多人吃两口就不要了，倒掉了，有人做过一个调查，我们全中国，每年餐桌上浪费的粮食，浪费多少呢？浪费10%，这个10%的数字相当于我们中国3个省全年的粮食产量。这可以养活多少人？足以养活2亿人，我们就能够想到，我们这个浪费多么可怕。尤其是年轻一代，我们到学校里面去，看到学生每天倒掉的粮食，真的是触目惊心。如果他们养成这种习惯，长大以后，将来他们的人生那就会无比的痛苦。因为没有福报。小时候都把福报享尽了，长大之后，面对人生那就是要吃苦。

一个人如果不懂得珍惜福报，不懂得惜物，那也就不懂得感恩。对父母不会有感恩之心，对社会上提供服务的人也不会有感恩之心。比如现在小孩在地上扔垃圾，他就不会去体会到做清洁工阿姨的辛苦。因为他不懂得节制，不懂得珍惜。同样对别人的

> **延伸阅读：**
>
> 《锄禾》是唐代诗人李绅《悯农》二首中的一首。
> 李绅（772—846），亳州（今属安徽）人，字公垂。27岁考中进士，补国子助教。与元稹、白居易交游甚密，他一生最闪光的部分在于诗歌，他是在文学史上产生过巨大影响的新乐府运动的参与者。作有《乐府新题》20首，已佚。著有《悯农》诗两首，脍炙人口，妇孺皆知，千古传诵。

劳动成果，他也不懂得珍惜。

我曾经看过这样一篇文章，文章作者讲到他小时候，看到他的外公扫地的时候，看到地上有一粒丢弃的糖果，上面沾了一些灰尘，结果他外公毫不思索地把这个糖捡了起来，洗了洗自己就吃了。当时这个作者年纪还很小，也不敢问他外公是什么意思。后来他母亲回来之后，他就问他母亲，妈妈，外公是不是很喜欢吃糖？他母亲讲，你外公平时最不爱吃糖。这个小孩他就很迷惑，那为什么掉在地上的糖，外公把它捡起来吃了，那不是很脏吗？他妈妈听了之后，就跟他讲，那是因为你外公舍不得丢了。老人家舍不得把这个糖果当垃圾扔掉，才把它捡起来吃了。

你看我们在生活当中常常看到家里的老人，很多东西丢掉了舍不得，就把它捡回来，这是什么？这是懂得惜福。现在我们吃饭不合胃口，直接倒到垃圾桶里。买了一件东西，不喜欢了，直接就扔掉了。这都是在糟践我们的福报。所以，我们在生活当中，如果不懂得这个道理，那将来生活在社会上，不懂得这个道理，未来的人生你就要吃很多苦头。要知道，人一生所享的福报是有限的。我们地球的资源也是有限的，如果我们一直这样的浪费，耗费资源，不珍惜福报，最后我们只有自讨苦吃。

所以一个人在社会上，不管你家里是贫穷还是富贵，不管你地位是高还是低，都要懂得惜福。

福不可享尽

古人讲，"福不可享尽。"福要是享尽，后果就特别可怕。古人有一首诗曾经讲道："**处世持家年复年，总须虑后更思前。**"就是你在生活当中，治理家，持家，生活，你要往后考虑，不能够图一时欲望的满足，要知道，你满足一时的欲望，放纵一时的欲望，你把这个福报享用殆尽，那你未来生活幸福的源泉就会枯竭。所以古人讲："欲不可纵，乐不可极。"就是告诉我们要懂得节制。如果你不懂得惜福，比如说我们放纵自己的身体，放纵我们的欲望，身体就会过早地衰老。现在年轻人，常常为了打电子游戏，彻夜不眠，很多人年纪轻轻，就得了老年人才会有的病。比如我曾经见过一位20多岁的年轻人，就得了很严重的糖尿病，严重到要把腿给锯掉，这都是不懂得珍惜自己的身体，放纵欲望染上这种疾病。

惜福，不仅要爱惜自身，更要懂得惜物，从一针一线，到一粒米、一碗粥，我们都要有爱惜之心，不要浪费。不要想这个饭我不想吃，把它倒掉。这是莫大的浪费。包括一张纸、一度电、一杯水，这些都要保持爱惜之心。而且，你能够如此惜福，你也能够给周围人们带来快乐。你把你的福报珍惜节约下来，你有更多的钱，你可以拿这个钱财去帮助人。

古人常常讲，富人一席酒，穷人半年粮。你家里很富裕，你吃一顿的钱，可以够穷人吃半年的，我们为什么不少吃一顿饭，少到外面吃一顿很贵的这种宴席，把这钱节约下来，布施给人家，帮助人家？你真正帮助了人，你的人生会充满快乐。从小我们就要有这种感恩、惜福的心。你才能够体会到真正人生的滋味。

有十分福气，也只要享受三分

在我国近代佛门有一位大师叫弘一法师，俗名叫李叔同，很多人都知道他。弘一大师就特别懂得惜福。他自己曾经讲，我们即使有十分福气，也只好享用三分，所余的可以留到以后去享受。弘一大师有一年在厦门南普陀寺给大家做开示的时候，就劝大家，要把个人的福气拿来布施给大众，要和大众共同享受。

弘一法师跟我们讲，生活在我们现前这个社会，人的福是很微薄的，如果要不懂得爱惜，很薄的福享尽了，那你要受莫大的痛苦。古人告诉我们，"乐极生悲"就是这个意思。弘一法师他很小的时候，他父亲写了一副对联，上联就是清朝刘文定公的一个句子，叫作："**惜食惜衣非为惜财缘惜福**"，就是你珍惜粮食，珍惜衣物，并不是说自己吝啬这个钱财，舍不得这个钱财，而且要懂得珍惜自己的福报。这副对联下联叫作："**求名求利须知求己莫求人。**"你想求得名利，不要去求别人，要靠自己，靠自己什么？你自己要好好修德，努力。你有这

> **延伸阅读：**
>
> 李叔同，著名音乐、美术教育家，书法家，戏剧活动家，是中国话剧的开拓者之一。他从日本留学归国后，担任过教师、编辑之职，后剃度为僧，法名演音，号弘一，晚号晚晴老人。后被人尊称为弘一法师。精通绘画、音乐、戏剧、书法、篆刻和诗词，为现代中国著名艺术家、艺术教育家，中兴佛教南山律宗，为著名的佛教僧侣。

个德行，大德者必得其名，必得其位，必得其寿。你有德行，自然就会有福报。

弘一法师小的时候，他哥哥常跟他念这些句子，念熟之后，他以后自己穿衣吃饭都特别注意，即使是一个米粒也不敢随意糟蹋。弘一大师的母亲也是特别教诲他，身上穿的衣服要小心，不能够损坏，不能够污染。你看他母亲、他哥哥都特别懂得教育，怕他不懂得爱惜衣食，折损福报，所以就特别叮嘱他。

弘一大师5岁他父亲就去世了。7岁的时候他就练习写字，他自己拿一张纸，整张纸瞎写，他母亲看到之后，就批评他，你要知道，你父亲在世的时候，不要说这么大的纸，整张纸不能够糟蹋，就连一寸长的纸条都不能够随便丢弃。所以弘一大师受到这个家庭教育，长大以后就特别爱惜衣物。他出家以后，穿的一双鞋子，都穿了很多年。他还有一把洋伞，那都是用了好多年。当时有很多人给他好的衣服，或者贵重物品，他都立刻转送给别人，而且他讲，我自己的福薄，好的东西，不敢享受，只有在生病的时候才吃一些好东西，除此之外，平时从不敢随便乱买好的东西吃。特别珍惜自己的福报。

弘一大师说惜福

弘一大师有一篇文章，里面就专门谈到惜福。我们在这里给大家分享一下：

惜福,"惜"是爱惜,"福"是福气。就是我们纵有福气,也要加以爱惜,切不可把它浪费。诸位要晓得:末法时代,人的福气是很微薄的,若不爱惜,将这很薄的福享尽了,就要受莫大的痛苦。古人所说"乐极生悲",就是这意思啊!我记得从前小孩子的时候,我父亲请人写了一副大对联,是清朝刘文定公的句子,高高地挂在大厅的抱柱上,上联是"惜食,惜衣,非为惜财缘惜福"。我的哥哥时常教我念这句子,我念熟了,以后凡是临到穿衣或是饮食的当儿,我都十分注意,就是一粒米饭,也不敢随意糟蹋;而且我母亲也常常教我,身上所穿的衣服当时时小心,不可损坏或污染。这是因为母亲和哥哥怕我不爱惜衣食,损失福报以致短命而死,所以常常这样叮嘱着。

诸位可晓得,我五岁的时候,父亲就不在世了!七岁我练习写字,拿整张的纸瞎写,一点不知爱惜。我母亲看到,就正颜厉色地说:"孩子!你要知道呀!你父亲在世时,莫说这样大的整张的纸不肯糟蹋,就连寸把长的纸条,也不肯随便丢掉哩!"母亲这话,也是惜福的意思啊!

我因为有这样的家庭教育,深深地印在脑里,后来年纪大了,也没一时不爱惜衣食;就是出家以后,一直到现在,也还保守着这样的习惯。诸位请看我脚上穿的一双黄鞋子,还是一九二〇年在杭州时候,一位打念佛七的出家人送给我的。又诸位有空,可以到我房间里来看看,我的棉被面子,还是出家以前所用的;又有一把洋伞,也是一九一一年买的。这些东西,即使有破烂的地方,请人用针线缝缝,仍旧同新的一样了。简直可尽我形寿受用着哩!不过,我所穿的小衫裤和罗汉草鞋一类的东西,却须五六年一换;除此以外,一切衣物,大都是在家时候或是初出家时候置的。

从前常有人送我好的衣服或别的珍贵之物，但我大半都转送别人。因为我知道我的福薄，好的东西是没有胆量受用的。又如吃东西，只生病时候吃一些好的，除此以外，从不敢随便乱买好的东西吃。

惜福并不是我一个人的主张，就是净土宗大德印光老法师也是这样。有人送他白木耳等补品，他自己总不愿意吃，转送到观宗寺去供养谛闲法师。别人问他："法师！你为什么不吃好的补品？"他说："我福气很薄，不堪消受。"

他老人家——印光法师，性情刚直，平常对人只问理之当不当，情面是不顾的。前几年有一位皈依弟子，是鼓浪屿有名的居士，去看望他，和他一道吃饭。这位居士先吃好，老法师见他碗里剩落了一两粒米饭，于是就很不客气地大声呵斥道："你有多大福气，可以这样随便糟蹋饭粒！你得把它吃光！"

诸位！以上所说的话，句句都要牢记！要晓得：我们即使有十分福气，也只好享受三分，所余的可以留到以后去享受；诸位或者能发大心，愿以我的福气，布施一切众生，共同享受，那更好了。

我们看，弘一大师，他如此的珍惜福报，我们应该学习老人家的这种精神。要把这个道理告诉自己的子女，告诉自己的家人。家里能惜福，这个家的家境才能够越来越好，这个家族子孙才会有余庆。

福不可享尽，福尽悲来

古人告诉我们，福不可享尽，福尽悲来。

在生活当中很多人衣食无忧，不知道珍惜自己的福报。你要跟他说你要惜福啊，他很不以为然，我有钱，我爱怎么花怎么花，你管得着吗？这是很多人的心态。但是他不知道，人的福报是有限的，再有福的人，等他福报尽了的那一天，他还同样要受苦的日子。那我们举一个历史上真实的例子。

明朝嘉靖时候有一位宰相叫严嵩，这个人被世人称为奸臣，他的儿子叫严世蕃也是明朝的大臣，曾经也是内阁的成员。父子俩，徇私舞弊，干预朝政，谋害忠良，搞得全国民不聊生，你看父子俩都能够做宰相、做大臣，这要多大的福报啊？结果呢，他们不懂得珍惜自己的福报。严嵩在故乡的公馆，家里的门客不计其数，他这么不珍惜福报，生活非常的奢侈，家里的仆人也是如此。他们家厨房后面的阴沟每天都流出很多的鱼肉米饭，多得吓人。在他们家附近，有一个庙，庙里有一个和尚，每天都到他家阴沟里把他丢弃的白米捞起来，洗净晒干，久而久之就堆满一屋了。

后来严嵩在晚年，被嘉靖皇帝撤职，他

> **延伸阅读：**
>
> 严嵩（1480—1567）字惟中，号勉庵、介溪、分宜等，江西新余市分宜县人。他是明朝重要权臣，擅专国政达20年之久，累进吏部尚书，谨身殿大学士、少傅兼太子太师，少师、华盖殿大学士。书法造诣深，擅长写青词（实为其子严世蕃代笔，严世藩极为擅长写青词），为中国历史上著名的权臣之一。严嵩为官专擅媚上，窃权罔利，并大力排除异己，还吞没军饷，废弛边防，招权纳贿，肆行贪污，激化了当时的社会矛盾。晚年，为明世宗所疏远，抄家去职，两年而殁。

儿子被诛杀了。这是什么原因呢？就是恶有恶报，善有善报。一个人作恶多端，恶贯满盈，他福报享尽了，恶报就现起来了。所以他儿子被杀了，严嵩也被撤职，皇帝将他贬职回老家。他老了之后，虽然做官做到宰相，因为他不做好事，老了就没有依靠，而且作恶太多，也没有人可怜他。最后还是这个庙里的和尚特别慈悲，收留他。

他在庙里吃住了一段时间之后，有一天就特别难为情地跟庙里的老和尚讲，我对不起你，以前我势力强的时候，不知道有你这么个好邻居啊，以前没有在你庙里积一点功德，现在穷了，反过来讨扰你，真的很惭愧。这个和尚就安慰他讲，相爷你也不用难过，你现在吃的呢，不是我的，还是相爷你自己的，而且吃个十年八年也吃不完。严嵩听了这个话就特别惊讶，就问这个老僧怎么回事。老和尚就把严嵩领到仓房，指着一大堆米就说："这都是从你那个相府里面的，阴沟流出来的米，我把它淘洗干净储存了起来。"严嵩听了这个老和尚的话，看着那一堆米，就特别惭愧。你看他不懂得惜福啊，最后弄得这个下场。所以一个人再有福报，你能够做宰相，你要知道你的福也有享尽的一天，福享尽了，灾祸就来了。

清朝的和珅也是如此，和珅在位的时候，多么威风，家里有那么多钱财，最后那么多钱财也不是他自己的啊。最后晚年自己被抓起来，钱还被收归国家，自己不得好死，这都是不懂得惜福。

还有一个故事，讲过去在四川有一个女孩子。她父亲在四川做道台，这在过去是一

> **延伸阅读：**
>
> 和珅（1750—1799），钮祜禄氏，字致斋，原名善保，自号嘉乐堂、十笏园、绿野亭主人，满洲正红旗人，清朝乾隆年间政治家、商人，中国历史上的权臣之一，清朝历史上的豪商，历史上资产最多的官员。因为贪污过巨，被中国人视为巨贪。

个很大的官,相当于现在的一个市长。她因为父亲做官,家里很富裕,她自己家里养了一只狗,每次都把碗里的肉给狗吃。生活特别奢侈,对粮食不珍惜,不懂得珍惜自己的福报。她后来结婚了,有一天去赶集,就遇到一个算卦的,就给她算命,就说她"命中会喝三井水,一个儿子不送终"。在古代,一户人家是一口井,她要喝三井水,意思是讲她要嫁三户人家,她有一个儿子,这个儿子也不能给她送终。当时围观的人都劝这个算命先生,说这个人家里非常有钱,富贵大方,你说些好话她会奖赏你,不能说这么难听。这个算卦的人就说,没办法,这就是她的命。结果后来,这个女孩家有个弟弟在外地上学,急着向家里要钱,这个女孩就去给他寄钱。钱还没寄到,他就到外面去打探。在古代有夜禁的制度,就是你晚上不能够随便出去,结果一出去就被抓起来了,结果经过这个事,抓起来之后,突然之间这个人就疯了。后来这个女的唯一一个儿子也疯了。恰好那个时候啊,西方的价值观流传到中国,这个女孩子她就离婚了,后来又嫁了两次,一生都没有过上好日子,最后她这个儿子也没给她送终,跟那个算卦先生说的完全一样。你看这个小女孩,为什么一生这么苦,就是她过早地把人生的福享尽。把人吃的最好的东西,拿去喂狗?要知道那个时候,有很多人连饭都吃不上。

民间流传这样一个传说,就是现在小麦为什么叫小麦。相传过去的麦穗是很大的,跟高粱那么大,大家生活特别充裕,其中就有一些人不懂得珍惜粮食。有一户人家,小孩子方便以后,他的母亲就撕下一块饼,拿这个去给小孩作清洁用。因为这个事情,上天就发怒了,把小麦变成现在的样子,导致后来的人就经常有各种饥饿。当然这是一个传说的故事,这其实也是古人教我们爱惜粮食。

《朱子治家格言》里面讲道:"一粥一饭,当思来之不易,半丝半缕,恒念物力维艰。"这就是告诉我们,我们吃一顿饭,喝一碗粥,都要知道它来之不易啊。我们穿衣服,半根丝半条线都要想到物资的生产是很不容易的,凝聚很多人的血汗。实际上是教我们珍惜这些物力,要懂得惜福,珍惜自己的福报。

曾经有这样一个故事,过去有一个人,在农村,这个村里有一个地主,解放前这个地主家里很富裕,这个地主的儿子特别的奢侈浪费,而且心还很恶,不懂得救济穷人。而且他家里的食物吃不完,他也不肯去布施,宁愿把它丢到湖里去喂鱼,也不给人吃,心真是特别的恶。

后来解放了,搞土改。所以你看这个人,因为他不存好心,最后村里要批斗,要斗地主,第一个把他们这个为富不仁的地主家给抄了,最后这个地主的儿子就饿死街头。

你看一个人,福报享尽了,结果就很惨了。所以我们要念念想到去周济别人,要懂得布施修福啊,不能浪费自己的福。念念要想到修福。不仅要懂得惜福,而且要懂得报恩,要想到我们的衣食来之不易。我们要珍惜,要有感恩的心、报恩的心。像我们自己每天吃饭之前都念感恩词,这个感恩词是什么呢?每天要感恩国家培养护佑,感恩父母养育之恩,感恩老师辛勤教诲,感恩同学互相帮助,感恩农夫辛勤劳动和天下所有付出的人。而且不是念念就算了,最重要是什么呢?真正生起感恩之心。你每天真诚地念这个感恩词,生起这个感恩之心,你吃饭的时候要懂得惜福,不浪费每一粒米,刷碗的时候也能够把碗刷得干干净净,用的水也要尽量的少,这都是在惜福。

经典链接：曾国藩《诫子书》

清朝的时候，有一位大臣叫曾国藩。他就特别教导他儿子，要懂得勤俭，要懂得惜福。他给他小儿子曾纪鸿有一封家书是这么写的：

字谕纪鸿儿：家中人来营者，多称尔举止大方，余为少慰，凡人多望子孙为大官，余不愿为大官，但愿为读书明理之君子。勤俭自持，习劳习苦，可以处乐，可以处约，此君子也。余服官二十余年，不敢稍染官宦习气，饮食起居，尚守寒素家风，极俭也可，略丰也可，太丰则吾不敢也。

凡仕宦之家，由俭入奢易，由奢返俭难。尔年尚幼，切不可贪爱奢华，不可惯习懒惰。无论大家小家、士农工商，勤苦俭约，未有不兴，骄奢倦怠，未有不败。尔读书写字不可间断，早晨要早起，莫坠高曾祖考以来相传之家风。吾父吾叔，皆黎明即起，尔之所知也。凡富贵功名，皆有命定，半由人力，半由天事，惟学作圣贤，全由自己作主，不与天命相干涉。吾有志学为圣贤，少时欠居敬工夫，至今犹不免偶有戏言戏动。尔宜举止端庄，言不妄发，则入德之基也。

我们把这一篇家书简单地给大家解释一下。讲到家里的人到军营来，当时曾国藩先生正带兵打仗，都称赞他的儿子举止大方，他感到特别的欣慰。下面就是他对儿子的劝勉，教诲。"凡人多望子孙为大官,余不愿为大官,但愿为读书明理之君子。"你看世间一般人,都喜欢希望自己的儿子做大官,发大财。曾国藩先生不愿意,不一定要求子孙要做大官,希望他做什么呢?做一个读书明理的人。做一个读书明理的人,你的人生会平安吉祥。做大官未必是好事,可能做大官结果人生不得善终,这样的现象,自古到今比比皆是。所以一定要读书明理。你能够读书明理,即使做大官也无妨,做平民百姓也可以,你人生没有灾祸。

"勤俭自持,习劳习苦,可以处乐,可以处约,此君子也。"这是君子的品格,君子是什么样?能够勤劳,能够节俭,能够习劳习苦,辛劳一点,生活苦一点都没有关系,在这样的生活当中,能够得到一种快乐,得到一种自在。即使生活非常简约,也能够乐在其中。

接下来曾国藩先生讲:"余服官二十余年,不敢稍染官宦习气,饮食起居,尚守寒素家风,极俭也可,略丰也可,太丰则吾不敢也。"曾国藩先生是清朝著名的大臣,他做到四省的总督,他讲他自己做官二十多年,不敢沾染这种官宦习气,不敢沾染这种富家子弟的习气,生活起居特别简单,一直坚持这种节俭的生活。稍微丰盛一点还可以,如果太丰盛他就不敢了。

他接下来讲道:"凡仕宦之家,由俭入奢易,由奢返俭难。尔年尚幼,切不可贪爱奢华,不可惯习懒惰。无论大家小家、士农工商,勤苦俭约,未有不兴,骄奢倦怠,未有不败。尔读书写字不可间断,早晨要早起,莫坠高曾祖考以来相传之家风。"你看那些富贵的人家,由节俭到奢侈很容易,你要过上奢侈的生活再回归节俭很难。所以他跟他儿子讲,你现在还小,不能够贪爱奢华,不能够懒惰,一定要勤俭,勤俭这是我们修德之基,不管是大家小家，士农工商，你只要能够勤俭，这个家就能兴，如果奢侈、怠倦就一定败家。而且他告诉他儿子，读书写字不能够间断，要每天坚持，做事要有恒心，更是教育他要早起，不要把他们家家传早起的风气中断。而且跟他讲："吾父吾叔，皆黎明即起，尔之所知也。"你应该知道啊，你的爷爷这一辈都是早起的。

他讲的最后这一句话很重要："凡富贵功名，皆有命定，半由人力，半由天事。"你一生之中，要得到富贵功名，那都是命中的定数。一半由人力决定，一半要由天力决定。不是每个人努力就能够得到这些功名富贵。你看古代考进士，考科举，考不上的人，未必都是因为没有才识，而有的是没有命，你要有这个命才能考上，你要没有这个命，你努力也未必考上。但是反过来讲，你有这个命，你不努力你也考不上，两者相结合。所以古人讲，命里有时终须有，命里无时莫强求。我们努力，但是不强求。"惟学作圣贤，全由自己作主，不与天命相干涉。"成圣成贤，完全掌握在自己手里。每个人都可以做圣贤，和天命无关。任何一个人，只要你努力，你都能够称作圣贤。圣贤是什么？圣贤就是回归我们人人本有的本性。这是我们谁都能做到的。功名富贵不能求人，做圣贤更是要求自己的，求人难，求自己不难。

下面讲："吾有志学为圣贤，少时欠居敬工夫，至今犹不免偶有戏言戏动。"这是曾国藩先生讲他自己，他一生是志在圣贤，但是小时候，没有这种居敬的功夫，这是他谦虚，所以到现在，偶然有戏言戏动，这是没有恭敬之心。这是他反省自己，其实也是教育他儿子。"尔宜举止端庄，言不妄发，则入德之基也。"就是你一举一动都要端庄守礼，不能够随便乱说话，乱做事情，这是修德之基。这是我们看到曾国藩先生教育他的儿子，这些话当然对我们现代人仍然有用，应该好好学习，真正努力做圣贤，一定要珍惜自己的福报。

铭记一生的惜福格言

最后我们再分享几句格言：

第一条是《朱子治家格言》里讲的："**一粥一饭当思来之不易，半丝半缕恒念物力维艰。**"就是讲一碗粥一粒饭，都要想到它来之不易，要知道这个饭要经过播种，经过耕耘，经过收割，最后还要经过碾米，最后才能够变成粮食，还要运输才能到我们手上，所以要懂得珍惜，我们穿的衣服一根丝一根线，那都是要通过无数道工序才能够做成，这里面凝聚着很多人的心血，要知道物力的维艰。你明白这些你才能够懂得珍惜。

第二条是清朝钱泳在《履园丛话》里面讲的："**凡事一俭，则谋生易足，谋生易足，则于人无争，亦于人无求。**"就是你做事，你能够懂得节俭，那你在世间生活就很容易，你要谋得食禄，你在社会上谋生就很容易，很容易得到满足。你容易得到满足，你就不会跟人争，也不会处处要去求人。要知道人在社会上求人难。我们只要能够懂得节俭，降低自己的欲望，于人无求，人到无求品自高。

第三条是司马光先生给他儿子的训诫，《训俭示康》里面讲的："**以俭立名，以侈自败。**"就是你要成就名声，一定要懂得节俭。如果你一旦奢侈那你就会走向败亡。过去诸葛亮先生教导他的儿子就讲道:**"静以修身,俭以养德。"**就是你要安静,通过静来达到修身,这个静不仅是要身静,而且要心静。内心宁静才能够修养我们的德行。节俭才能够培养我们的德行。

第四条还是钱泳先生在《履园丛话》里面的一句话:**"唯俭可以惜福,唯俭可以养廉。"**惜福,一定要懂得节俭。而且我们将来想要做一个廉洁正直的人,一定要懂得节俭。你能够节俭你的欲望就降低了,欲望降低你自然能够做到廉洁正直。《管子》里面还讲道:**"人惰而侈则贫,力而俭则富。"**人如果懒惰而且奢侈就会贫穷,如果你能够勤奋节俭,这个家就能够富裕。

最后我们用宋朝法演禅师的四句话来勉励大家:**"一曰势不可使尽,使尽则祸必至;二曰福不可受尽,受尽则缘必孤;三曰话不可说尽,说尽则人必易;四曰规矩不可行尽,行尽则人必繁。"**这是告诉我们,人生,一定要懂得珍惜,懂得节制,尤其是这个福不可受尽,福报受尽,你就要受苦了。

第六章
勤奋的人才能登上人生之巅

读书一定要勤奋

我们这一讲跟大家分享勤奋这个话题。一个人取得成就一定要勤奋,如果不勤奋,即使有天资也未必能有成就。但前提是我们首先要有一个正确的目标、正确的方向。现在有很多人也很勤奋,他每天废寝忘食,但是在干什么呢?在玩电子游戏,在看电视剧。我们不能说他不勤奋不努力,但是他勤奋的方向反了。

有个人讲过一句话,努力很重要,但是选择比努力更重要。人生最重要的不是努力,最重要的是选择。你选择哪个方向你的人生就不一样。选择这个方向之后,就要努力。所以,我们前面讲了很多就是要教我们明白人生应该如何过。要发起志在圣贤这样的志向,真正像古人讲的**"读书志在圣贤,为官心存君国"**。你有了这样一个志向,这个愿望要如何实现,就要靠勤奋、靠努力。

中国古人教导我们要勤奋,要努力奋斗。《易经》里面就讲道,**"天行健,君子以自强不息。"**教我们学习天道,"天行"就是指天体的运行,"健"就是运行不息。天体的运行没有一天停止。太阳升起又落下,24小时都在运动,这个运动没有止息这叫健。君子看到天体的这种运行要懂得向天学习,学习天道的精神,要"自强不息"。

"自强不息"是什么?自己勉励自己,不断努力,从来没有停下来的时候。自强不息这个意思一般我们认为就是要努力奋斗。但是圣人说这话的意思其实是很深的，我们自强不息是要怎么样呢？就是要效法这个天道。不是说我们每天努力玩电子游戏，努力上网，努力追求自己的名利。这个自强不息是教我们念念想到为天下服务，包括我们读书，每天很勤奋，天天在那里用功，但是不是为自己？要想到我学这些知识，学这些本领，是将来为天下人服务的，不是为自己的自私自利。

首先我们要明白，我们勤奋不是说天天努力求自己的名和利。要想到为天下、为国家、为世界，真正像古人讲的**"为天地立心，为生民立命，为往圣继绝学，为万世开太平"**。你立了这个志向，你才会真正勤奋不息。否则有的人偶尔努力一下，不能长期坚持，那就不叫真正的勤奋了。真正的勤奋就是《易经》里讲的自强不息，像天道一样，你看这个天每天运行，没有说哪天它不运行了，它停下来了。

你要有这样的一种自强不息的精神，那就必须要有远大的志向。你有远大的志向才能激励自己如此的勤奋不懈。这就告诉我们，一定要立圣贤之志。

人一能之己百之，人十能之己千之

"勤奋"这两个字，在中国汉字里面，"勤"是劳的意思，就是努力地去做，一件事情反复努力地去做。这个"奋"字原本是代表鸟努力振动翅膀，大字是代表鸟飞翔的姿势，鸟在田上面飞翔。鸟飞翔的时候一定是在反复地、尽力地不断扇动翅膀。这是告诉我们，在人生的路途上要有这样一种精神，努力勤劳，真正学习古人这种自强不息的精神。

《易经》里面还讲道："君子终日乾乾，夕惕若厉。"这就是讲，一个修德的君子一天到晚都是在努力精进的，都是在勤奋不息的。到了晚上都还是非常的小心谨慎，时时刻刻努力，没有懈怠的时候。你有这样的精神，那你人生中没有什么事情不能成就。所以，古今中外有大成就的人，都是特别勤奋的。中国古人也教导我们要懂得勤奋不息。

《中庸》里面就讲道："人一能之，己百之；人十能之，己千之。**果能此道矣，虽愚必明，虽柔必强。**"我们资质比人家差，比如背课文，人家背一次就能够记下来了，我们不行，我们就要做一百次，读一百次。人家做十遍能做好的事情，我们就用一百倍的精力把它做一千遍，我们一定能够做成。你真明白这个道理，"虽愚必明"，虽然你很愚钝，最后你会变得很聪明，虽然你很柔弱，最后会变得很刚强。这是告诉我们，要真正有这种下死功夫的勤奋精神。

有一个成语叫作"韦编三绝"，这是讲，孔夫子读《易经》特别勤奋，他读《易经》把编竹简的皮绳都弄断了三次。先秦时期的书都是用竹子做成的竹简，这个竹简是用绳子把它串起来这样来读。用麻绳编起来叫绳编，用牛皮条编成的叫韦编。《易经》这样的书当时很厚重，竹简很多，就用熟牛皮条把它编起来，特别牢固。夫子晚年读《易经》花了很多精力，把《易经》反反复复地读了很多遍，牛皮做的韦编都翻断了三次。这说明夫子反反复复花了很多精力，特别勤奋。夫子后来给《易经》做了注解叫作"十翼"。这是我们今天学习《易经》必须要读的。

夫子在晚年的时候曾经讲，上天再给我五年十年的时间，再来学《易经》，我就不会有大的过失了。你看他如此勤奋而且如此谦虚，这是圣人给我们做榜样。我们现在读书非但没有这种勤奋的精神，而且还特别傲慢，所以很难有成就。

我们再讲一个古代的故事，叫"凿壁偷光"。这个故事很多人从小都听过，这也是教导我们读书要勤奋，要勤奋好学才能有成就。

在汉朝的时候，有一个人叫匡衡，他后来做了汉元帝的宰相。匡衡小时候读书特别勤奋好学。他家里特别穷，每天要干很多活，到了晚上才有时间静下心来读书，但是古代没有电灯，而且他们家里特别穷，没有钱买蜡烛，没有钱买灯油，天一黑就没法看书了。这样浪费时间，匡衡就特别心痛。他邻居家很富有，一到晚上好几间屋子都点了灯，把屋子照得很亮。

> **延伸阅读：**
> 匡衡（生卒年不详），字稚圭，东海郡承县（今枣庄市峄城区王庄乡匡谈村）人。祖籍东海承（今苍山兰陵镇），至匡衡时，始迁居于山东省邹城市城关羊下村。西汉经学家，以说《诗》著称。元帝时位至丞相。

有一天匡衡就鼓起勇气，对邻居说，我晚上想读书，但是我们家很穷买不起蜡烛，能不能借用你们家一寸之地？结果邻居特别瞧不起他，还特别恶毒地挖苦他说，你们家既然穷得买不起蜡烛，还读什么书呢！匡衡听后非常气愤，不过这反而激励了他，他下定决心，一定要把书读好。他回到家里悄悄地在墙上凿了个小洞，邻居家的烛光就从这洞中透出来了。借着这微弱的光线，他就如饥似渴地读起书来，渐渐地把家中的书全都读完了。

他虽然读了这些书，但仍然感到自己知识远远不够，还要读更多的书才行。有一天，他就卷着铺盖跑到一个有很多书的大户人家里，跟主人讲，请您收留我，我给您家里白干活不收报酬，我就希望晚上在你们家里读你们家的书籍就可以了。主人被他的精神感动了，就收留了他，答应他读书的请求。匡衡因为读书特别勤奋，后来就做了汉元帝的丞相。而且匡衡对《诗经》特别精通，他当时曾拜博士，当时的博士学习《诗经》，特别勤奋，对《诗经》的理解特别独特。当时的读书人当中曾经流传这样的话，"无说《诗》，匡鼎来。匡说《诗》，解人颐"，就是讲匡衡解读《诗经》能让人眉头舒展，心情舒畅，可见他对《诗经》的理解特别深。

一开始，匡衡的仕途并不平坦，当时汉朝规定，博士的弟子掌握六经中的一经就能够通过考试获得官职，考试能得甲科就为郎中，得乙科者为太子舍人，得丙科者只能做文学掌故。匡衡经过九次考试，才中了丙科，被补为太原郡的文学卒史。但是他对《诗经》理解特别深，被当时经学家们特别推重，在读书人当中非常有名望，当时身为太子的元帝也对他特别有好感。汉元帝喜欢儒学，特别重视儒家的学说。所以，后来当他即位之后，就提拔匡衡，任用他为郎中，后来让他做博士，做给事中。后来京城长安一带发生日蚀、地震这些灾变，匡衡就上疏，用《诗经》里面的道理告诉元帝，治国要上行下效，劝谏汉元帝要懂得修德，要减省宫室的用度，要用忠正之人，就是这样的话得到元帝的赏识，后来元帝让他做了丞相。这是讲到他特别勤奋，从小就努力学习，因为家里穷，蜡烛都买不起，读书都要借别人家的灯光，最后却做到了宰相。可见一个人一定要有这种勤奋好学的精神，最后才会有成就。

下面我们再讲一个任末的故事。古代有一个叫任末的人，他14岁就特别好学，而且是学无常师，谁有优点他不管路有多远都跑去跟人家学。他常常跟人讲，**"人而不学，则何以长"**，人如果不学习，怎么获得成功呢？有时他在树木下把荆条削成笔，用树汁做成墨。晚上就在星月下读书，要是天比较暗他就编麻蒿来做灯照亮。他看到书里面特别精彩的句子，觉得很有用的就把它写在衣服上，记下来。他这么好学，后来，求学的人都特别喜欢他。人家看他的衣服上写满了字，就用干净的衣服和他脏的衣服交换……他这一生都学习圣贤的教诲，非圣人之言不言。真正"活到老学到老"，他在临终的时候留给家人和学生的告诫讲道：**"夫人好学，虽死犹存；不学者虽存，谓之行尸走肉耳！"** 一个人他能够好学，即使死了也是活着，如果他不懂得好学，活在世间也好比是行尸走肉。好学我们讲起来好像很简单，其实好学不是一般人能做到的，真正的好学很难做到。你看孔老夫子有那么多学生，夫子一生只赞叹一个人好学。他说颜回好学，在《中庸》里面讲"好学近乎知"，这个"知"是使你明了人生真相，不再迷惑颠倒。"知"从何而来？就要靠好学。所以人一生养成这种好学的品行，养成好学的习惯，你才会有成就，如果不好学你活在世间就好比是行尸走肉。学习能让我们觉悟，如果你不好学不懂得学习圣贤的经典，那你就不能明白人生的真相，你活在世间每天只是吃喝拉撒，和动物没有什么区别。

天道酬勤，勤能补拙

中国有一句古话叫"天道酬勤"，就是上天会酬报那些勤奋的人。你能勤奋，上天会来帮助你。在古代有很多本身资质一般，但是由于勤奋最终成就功名，取得大的成就的人。

比如，我们知道有一部书叫作《资治通鉴》，这部书的作者司马光曾经是宋朝的一位大臣。司马光小时候记忆力特别差，别人背一篇文章背三四遍就可以背会了，但是他不行，他最少也要读十遍，甚至一篇文章他要读几十遍才能背下来。所以为了背文章，司马光常常读到深夜，他白天看书，晚上也看书，所以到晚上就困得不行，眼睛都睁不开了，迷迷糊糊睡着了。但是他特别勤奋，为了对治这个问题，他就拿一个圆木头当枕头，到半夜这个圆木头滚走了，头掉下来，马上就醒来了，醒来之后他立即继续看书，所以他把这个圆木头叫作警枕，就是提醒自己每天早点起来读书。

不仅司马光是如此，在清朝还有一位大臣叫曾国藩，他也是如此。曾国藩一生取得很大的成就，他官做到四省总督，而且被称为儒家最后一位圣人，很有学问。但是他这样一个取得如此巨大成就的人，年轻的时候也不聪明。有一天晚上他在背一篇文章，一遍一遍地读诵，就是背不出来。结果这一天晚上他们家来了一个小偷，想等他睡觉之后偷他的东西，但是左等右等就是不见他睡觉。后来这个小偷就忍不住跳出来，他说你这么笨还读什么书，你那个文章翻来覆去念了这么多遍，我都会背了。然后小偷就把这篇文章很流畅地背了一遍，扬长而去。

我们看这个小故事中那个小偷很有天赋，但是最终没什么成就，只是被作为一种谈资。曾国藩不聪明，但是却成了一个流芳千古的人。两者的差别在哪里呢？就是两个人的志向不一样，这个小偷没有想到自己要做圣做贤，曾国藩从小就立定志向要做一个圣贤,所以他最后有这样的成就。

曾国藩在年轻的时候给自己列了十二条功课:

第一是主敬,就是要有恭敬心。他自己讲要"整齐严肃,清明在躬,如日之升"。就是在生活当中,时时刻刻保持恭敬,时时刻刻保持这种整齐严肃。

第二条是静坐,古人讲静以修身,每天静坐可以修养我们的身心。曾国藩规定自己"每日不拘何时,静坐四刻,正位凝命,如鼎之镇"。每天不管什么时候一定要静坐四刻钟,古时候一刻是半个小时,现在一刻是15分钟,等于是静坐两个小时。你看现在人都好动,心都静不下来,心静不下来,学习也就不会有成就。

第三条是早起,"黎明即起,醒后勿沾恋"。曾国藩是要求自己每天寅时起床,就是早上3点到5点这个时候就要起床。一醒来之后不能贪睡。现在年轻人特别贪睡。如果每天不能早起,一天的时间有限,早上把大好的时光浪费了,一生怎么能够有成就?

第四条是"读书不二,一书未完,不看他书"。我们现在的人读书往往是博而杂,一下看看这一下看看那,他要求自己一本书没看完不要看其他的书,要一门深入,把精力集中在一处。

第五条是读史,他要求自己"念二十三史,每日圈点十页,虽有事不间断"。在当时是二十三史,我们现在是二十四史、二十五史。他要求自己每天读史书要读十页,即使有事也不能间断。因为古人讲,读史使人明智,每天读这些历史,能学习古人的经验教训,把古人作为我们的榜样。现在我们已经不行了,现在读文言文已经读不懂,所以现在要想读古书,首先要学好文言文。

第六条是谨言,"刻刻留心,第一工夫"。就是说话要谨慎,要知道口为祸福之门,乱说话往往就会给自己带来灾祸。甚至给人带来烦恼，所以时时刻刻要留心自己。

第七条是养气，"气藏丹田，无不可对人言之事"。这个养气最重要的是养我们的浩然之气。做任何事一定要不能做这种不敢对人言的事情，不敢跟人说的事情就不能做。

第八条是保身，"节劳、节欲、节饮食"。就是保养我们的身体，首先要节制自己的欲望节制饮食，不能贪食不能贪玩，各种贪念都要节制。

第九条是"日知其所无"，他讲到每日读书，记录心得语。"有求深意是徇人"。就是每天读书要把自己的心得记下来，日日都要有所收获。

第十条"月无忘其所能，每月作诗文数首，以验积理的多寡，养气之盛否。不可一味耽着，最易溺心丧志"。就是要求自己每个月要写一些文章，写文章的目的是培养自己的浩然之气。

第十一条是做字，"饭后写字半时。凡笔墨应酬，当作自己课程。凡事不待明日，聚积愈难清"。他要求自己每天练书法，写字要写半个小时。如果遇到有人请他写字，都要把它当作自己的事情，要认真恭敬，任何事情不要拖到明天，越拖事情越多。最后这个事就办不完。

最后一条是"夜不出门。旷功疲神，切戒切戒"。晚上不出门，现在我们年轻人最喜欢晚上出去玩儿，这耗费我们的精神。而且晚上出门往往做的是一些见不得人的事情，不是去玩游戏，就是到一些不良的场所。这个要特别警戒，这是讲我们要努力勤奋，即使我们天资不好，但是只要我们努力一定能有成就，"勤能补拙，天道酬勤"。

只要功夫深，铁杵磨成针

我小时候曾经听父母老师讲过这样一句话，"只要功夫深，铁杵磨成针"，这个故事出自《方舆胜览》这部书，就是讲著名的诗人李白，他小时候读书不顺，就不读弃学了，在途中他遇到一个老妇人用铁杵磨针，自己触动很大，于是他就发奋读书，最终学有所成。

> **延伸阅读：**
>
> 李白（701—762），字太白，号青莲居士，唐朝浪漫主义诗人，被后人誉为"诗仙"。祖籍陇西成纪（今甘肃天水），4岁再随父迁至剑南道绵州。李白存世诗文千余篇，有《李太白集》传世。762年病逝，享年61岁。其墓在今安徽当涂，四川江油、湖北安陆有纪念馆。

我把这个故事的原文找到了，我们大家也可以一起来学习一下。这篇文章是这样写的：

磨针溪，在眉州象耳山下。世传李太白读书山中，未成，弃去。过小溪，逢老媪方磨铁杵，问之，曰："欲作针。"太白感其意，还卒业。媪自言姓武。今溪旁有武氏岩。

磨针溪在四川眉州的象耳山下。过去李白读书的时候，没有完成自己的学业，放弃学业就离开了。他在离开的路上走过一条小溪，看见一个老人家在磨铁棒，就问她你磨这个铁棒干什么，老人家说要用它来做针，要知道针很细，铁棒很大。李白被她这种精神感动了，老人家要把这么大一个铁棒磨成针，她这么有恒心，我学习怎么能半途而废呢？所以他就回去决心再学习。故事讲的是这样一个道理，所以我们只要有恒心，有这种精神，一生什么事情不能成就呢？

我们这里再讲一个"悬梁刺股"的典故。"悬梁刺股"这是讲两个人，一个是讲汉朝时期一个叫孙敬的人，他为了刻苦学习，用绳子把自己的头发绑在房梁上，学习困了的时候，想打瞌睡了，他的头发就被拉一下，清醒之后继续学习。《汉书》里面曾经记载，孙敬学习特别勤奋，后来成为当时的大儒。他之所以能成为大儒，成为著名的学者，就是因为他通过勤奋苦学，最后取得了成就。

"刺股"是讲战国时期的苏秦。苏秦出生于一个贫寒的农家，他很想有所作为，从小就努力学习。当时他东奔西颠，但是在外奔波好几年都没有什么成就，也没有得到一官半职，钱也花光了。他只能垂头丧气地回家去，家里人看到苏秦这个样子就不愿意理他。苏秦受到很大的刺激，他开始更加努力读书，读书读到深夜，读到自己又困又累的时候，就拿锥子扎自己的大腿，清醒之后继续学习。最后他学了很多知识，然后再次出游，后来到燕国受到重用，成了战国时期一个著名的谋略家、纵横家。

> **延伸阅读：**
>
> 苏秦（前337－前284），字季子，东周战国时期的雒阳（周王室直属）人，是与张仪齐名的纵横家。苏秦劝说六国国君联合，堪称辞令之精彩者。于是，身佩六国相印，进军秦国，可是由于六国内部的问题，轻而易举地就被秦国击溃。相传为鬼谷子的徒弟。战国时期著名纵横家，提倡合纵。

还有一个成语叫"映雪囊萤"，这是讲孙康和车胤两个人。晋朝时候有一个人叫孙康，这个人特别好学，常常感觉时间不够用，他家里又穷没有油灯，天黑就没法读书，特别是到了冬天，白天很短，晚上很长，他晚上睡不着。没有办法，只好白天看书，晚上在床上默默地背诵。但是感觉晚上时间太长了，这样白白浪费特别可惜。有一天半夜，孙康从梦里醒来，发现窗外下了大雪有白光，他走到屋外发现映着雪光能读书，所以冬天晚上他也努力读书。而且他最后因为努力读书，取得了很大的成就，后来他做到了御史大夫，成为很有名的学者。

晋朝还有一个人叫车胤，家里也很穷，经常买不起灯油，他白天耕作，晚上又没法读书。有一天他就把萤火虫弄在一起，放在纱布做的袋子里，晚上借助萤火虫的光来读书。车胤因为特别努力，特别苦读，当时的太守王夫之就曾经跟他父亲车浚讲，你儿子以后能兴旺你家，可以让他努力读书。后来他父亲也特别支持车胤学习，车胤最终成为一个很有学问的人，他曾经做过吴兴的太守，做过辅国将军，做过户部尚书。在唐朝的时候曾经有三个人，杨弘贞、杨番还有蒋防，这三个人都写过一篇同名文章叫作《荧光照学赋》，都是谈车胤读书之事。

你看古人读书条件比我们现在要苦多了，人家特别勤奋，特别努力，我们现在人条件很好，但就是不努力读书。如果不努力读书，我们人生怎么能有所成就呢？尤其是现在我们想学习古圣先贤的教诲，学校里又不教，但我们又不能不学。如果不学习这些经典，我们即使走上社会也未必懂得做人做事。这些经典即使我们学习任务再重也应该要常常读诵。没有时间就要效法古人这种精神，努力挤时间，真正下苦功夫，将来一定会有成就。

勤奋要从珍惜时间开始

勤奋首先要从珍惜时间开始。可能我们读书的时候都读过《劝学诗》，这是唐朝著名的书法家颜真卿写的。他讲道："**三更灯火五更鸡，正是男儿读书时。黑发不知勤学早，白首方悔读书**

迟。"前面两句"三更灯火五更鸡，正是男儿读书时"，三更是晚上的11点到凌晨1点。意思是晚上要点灯熬夜读书。五更是3点到5点，鸡在五更的时候就已经打鸣了，意思是要早起。真正勤奋的人他深更半夜还在读书，"正是男儿读书时"，这时候正是我们读书的好时候。而且这个时候，非常清静，努力读书不会有干扰，所以效率就会特别高。

> **延伸阅读：**
> 颜真卿（709-784，一说709-785），字清臣，唐京兆万年（今陕西西安）人，祖籍唐琅琊临沂（今山东临沂），中国唐代书法家。唐代中期杰出书法家。他创立的"颜体"楷书与赵孟頫、柳公权、欧阳询并称"楷书四大家"。

下面两句讲，"黑发不知勤学早，白首方悔读书迟"。黑发是指青年时期，年轻的时候我们的头发是黑的，你不懂得勤学早，年轻的时候总贪玩，不懂得要努力学习，当你老的时候头发白了的时候，你就会后悔自己读书已经迟了。所以，这是在劝勉年轻人遇到这些学习的机会，尤其是遇到圣贤经典要努力学习，争取在年轻的时候就把这些经典背下来，真正一生受益。否则当你老的时候就会后悔。

我们这里讲一个"陶侃惜阴"的故事。在晋朝有一个叫陶侃的人。他是晋朝著名诗人陶渊明的曾祖父，这个人特别珍惜时间。他曾经在广州做官，没事的时候一大早把一百多块砖搬到书房的外面，到晚上又把这个砖搬到书房里，别人问他为什么这么做，他就告诉人家，他说我这是怕自己过分悠闲不能担当大事，所以让自己辛劳一些。这是培养自己勤劳的精神，不能懈怠。而且他这个人特别珍惜时间，他常常跟人讲："**大禹圣者，乃惜寸阴，至于众人，当惜分阴，岂可耽逸游荒醉，生无益于时，死无闻于后，是自弃也！**"他讲大禹是一位圣人，大禹他都特别珍惜时间，对我们这些普通人来讲更要懂得珍惜时间，怎么能过这种安逸游玩的生活呢？你活着的时候不能对国家有什么益处，死了之后也没有事迹留传给后人，这等于是自暴自弃。你看古人特别珍惜时间，陶侃能如此珍惜时间，懂得积善，而且懂得为国家服务，"积善之家，必有余庆"，所以他的后代出了一个著名的诗人陶渊明。而陶渊明也特别懂得珍惜时光。他曾经写过一首《惜阴诗》，这首诗是这样写的："盛年不重来，一日难再晨。及时当勉励，岁月不待人。"盛年是年轻的时光，年轻的时候我们精力很旺盛，但是这样的时光不会重来，到老了之后我们身体衰弱了，想要努力，体力也不行了。"一日难再晨"，一天当中早晨只有一次，而且早晨是我们人精力最旺盛的时候，这个时候我们不能贪睡要懂得学习。"及时当勉励"，就是我们要懂得珍惜时间，勉励自己。"岁月不待人"，岁月不会等待我们。时间一天天就过去了，不管我们一天怎么过，这24小时它不会等待我们。你在游玩当中、休闲当中时间就这样白白浪费了。所以古人劝我们一定要珍惜时间。

明朝的时候有一位读书人，叫钱鹤滩，他曾经写过一首《明日歌》。可能我们都很熟悉，这首歌里面讲："**明日复明日，明日何其多。我生待明日，万事成蹉跎。世人苦被明日累，春去秋来老将至。朝看水东流，暮看日西坠。百年明日能几何？请君听我《明日歌》**"。我们很多时候都把事情拖到明天，这个明天是很多很多，我们一生当中如果在这种等待当中度过，等待明天的话就会虚度光阴，一事无成。世间人什么事都推到明天，结果年复一年，时间过去了，不知不觉人就变老了。早上看河水东流，晚上看夕阳西下，一天当中无所事事，一生当中又有多少个明日呢？所以大家都听我这首《明日歌》。这都是劝诫我们要珍惜时间，时间是有限的,我们要把有限的时间用到学习圣贤经典上,用到为社会大众服务上,这样的话我们的一生才会有成就。

经典链接:《送东阳马生序》学习心得

我们一起来学一篇古文,这是古人写的一篇非常好的劝诫勤学的文章,叫作《送东阳马生序》。这篇文章现在在一些地方的语文教材里面还有。我们一起来学习一遍。这篇文章是明朝宋濂写的,宋濂是明朝开国文臣之首,朱元璋的大臣,这是他写的一篇送给家乡读书人的文章,劝诫学子们要努力读书。文中写道:

>延伸阅读:
>
>宋濂(1310—1381),字景濂,号潜溪,别号玄真子、玄真道士、玄真遁叟。浦江(今浙江浦江县)人,元末明初文学家,曾被明太祖朱元璋誉为"开国文臣之首",学者称太史公。宋濂与高启、刘基并称为"明初诗文三大家"。

"余幼时即嗜学。家贫,无从致书以观,每假借于藏书之家,手自笔录,计日以还。"宋濂讲,他小时候特别喜欢读书,家里穷,没有钱买书来读,常常向这些藏书的人借,借来之后自己就抄,按照约定日期把书给人家送回去。你看古人读书的条件非常艰难,很难得到一本书,得到一本书就借来赶紧抄下来。然后再还给人家,我们现在是书很多,但是读的人很少。从中我们就能看到古人跟今人的差别。

下面讲:"天大寒,砚冰坚,手指不可屈伸,弗之怠。录毕,走送之,不敢稍逾约。"就是冬天的时候天很冷,这个砚池的水都结成了坚硬的冰,手指头冻得不能弯曲不能伸直,但是他还是不停止。天冷了他还是努力地抄,把这本书抄完之后赶紧送还人家,不敢超过约定的时期。"以是人多以书假余，余因得遍观群书。既加冠，益慕圣贤之道，又患无硕师、名人与游，尝趋百里外，从乡之先达执经叩问。"他因为能借了书之后就赶紧还人家，所以很多人都愿意把书借给他，于是他就能读到很多书。到了成年以后，"即加冠"，就是他举行冠礼以后，更加仰慕圣贤的学问，但是担心没有老师教导，没有那种才学渊博的老师和有德行的人相交往请教，曾经跑到一百里以外的外乡向那些有名望的前辈请教。

下面讲："先达德隆望尊，门人弟子填其室，未尝稍降辞色。余立侍左右，援疑质理，俯身倾耳以请；或遇其叱咄，色愈恭，礼愈至，不敢出一言以复；俟其欣悦，则又请焉。故余虽愚，卒获有所闻。"这些有名望的读书人，德高望重，前来学习的学生也很多，而且对这些学生讲话可能都不会很委婉，脸色也不会很温和，所以去向其求学要特别谦卑，他就恭恭敬敬站在旁边，有时间，有疑难，需要询问道理的时候就弯着身子，侧着耳朵请教。有的时候向人家请教，人家并不乐意，甚至会有人批评他、斥责他，人家斥责他的时候他不会有不耐烦的表情，而且表情更加恭顺，理解更加周全。真正有这种求学的精神。所以他恭敬到极点，人家批评他，他一句话都不敢回答，等到这个老师高兴了，他又请教，有这样一种精神，第一是恭敬，第二是真正尊敬老师。所以他虽然很笨，但最后学到很多知识。

下面一段讲："当余之从师也，负箧曳屣，行深山巨谷中，穷冬烈风，大雪深数尺，足肤皲(jūn)裂而不知。"当时他求师的时候，背着书籍，拖着鞋子在深山里面走，冬天刮着寒风，山里积雪深厚，脚上的皮肤冻裂都不知道。"至舍，四肢僵劲不能动，媵(yìng)人持汤沃灌，以衾拥覆，久而乃和。"他到了客栈之后四肢都冻僵了，服侍他的人，拿热水给他洗脚，给他盖上被子，过了很久才能够暖和过来。"寓逆旅主人，日再食，无鲜肥滋味之享。同舍生皆被绮绣，戴珠缨宝饰之帽，腰白玉之环，左佩刀，右备容臭，煜(yù)然若神人；余则缊(yùn)袍(páo)敝衣处其间，略无慕艳意。"这是讲他在旅馆里面每天只吃两顿饭，而且吃得非常简单，没有美食可以享受。跟他一起住在旅馆的这些同学，都穿着非常漂亮的衣服，戴着缨络宝石的帽子，腰间都挂着白玉的环，左边佩着刀，右边挂着香袋，闪耀得好像仙人一样。如同我们现在学校里有很多人家境很好，衣服都穿得很漂亮，条件很好，但是未必努力学习。宋濂生活非常节俭，非常清苦，他穿着破棉袄，生活在他们中间，没有丝毫羡慕的心思。你看我们一般人如果穿得不如别人，就会有自卑之心。因为什么呢？因为我们没有这种读书之乐。

下面讲："以中有足乐者，不知口体之奉不若人也。盖余之勤且艰若此。"但是他心中有快乐，虽然自己吃的穿的都不如人家，但是不会觉得心里会有这种自卑感。他心里觉得很快乐，反而不会觉得自己吃穿享受不如别人，他自己讲，我求学的时候勤奋艰辛大抵如此。你看我们现在读书人生活得很好，条件很好，但是不努力读书。

后面讲："今虽耄老，未有所成，犹幸预君子之列，而承天子之宠光，缀公卿之后，日侍坐备顾问，四海亦谬(miù)称其氏名，况才之过于余者乎？"现在我已经老了，没有什么成就，现在被人家称为君子，受到天子的宠爱，做了公卿，做了官员，每天在朝廷侍奉皇上。这都是因为他过去能努力求学的结果。

下面是宋濂给当时的读书人勉励，"今诸生学于太学，县官日有廪稍之供，父母岁有裘葛之遗，无冻馁之患矣；坐大厦之下而诵诗书，无奔走之劳矣；有司业、博士为之师，未有问而不告，求而不得者也；凡所宜有之书，皆集于此，不必若余之手录，假诸人而后见也。其业有不精，德有不成者，非天质之卑，则心不若余之专耳，岂他人之过哉！"这是讲现在这些在太学里面读书的人，政府天天给他膳食，父母冬天给他衣服，给他送来冬服夏装，没有挨冻受饿的忧虑，坐在高大的房屋里读诗书，没有东奔西跑的劳累。你看宋濂自己读书的时候特别苦，每天要借书，抄了之后还给人家，冬天的时候要四处求学，特别冷，条件很不好。但是现在这些在太学读书的人没有这些烦恼，不需要吃这些苦，而且有司业、博士做他们的老师，遇到问题就能去请教，所有的书都在这里，而且有疑问就能问，不必像他那样要去抄写，向别人借才能读书。如果有这样的条件学业不精通，德行不完备不是他们智力低下，原因是什么呢？没有他那种专注的精神，不是别人的过失，是自己的过失。

下面讲："东阳马生君则，在太学已二年，流辈甚称其贤。余朝京师，生以乡人子谒余，譔（zhuàn）长书以为贽（zhì），辞甚畅达，与之论辩，言和而色夷。自谓少时用心于学甚劳，是可谓善学者矣！其将归见其亲也，余故道为学之难以告之。谓余勉乡人以学者，余之志也；诋（dǐ）我夸际遇之盛而骄乡人者，岂知余者哉！"

就是现在马君则这位读书人，在太学学了两年了，同辈人都称他很贤能，我去京城拜见皇帝的时候，马君则以同乡晚辈的身份拜见了我。见面之后，马生写了一篇长信作为见面礼，言语特别流畅、通达。语言很好，跟他谈论之后发现他讲话特别委婉，神色很和悦。而且讲到他自己小时候学习特别用功，特别好学。他现在要回家乡探视乡亲，所以宋濂特意告诉他求学的艰难。而且他写这篇文章也是勉励他家乡那些读书的人,希望让家乡的读书人都努力求学。他们家乡有的人说他在朝中做了大官都诋毁他,说他运气比较好,机遇很好,所以才会有这样的成就。所以宋濂写这篇文章也是告诉他求学不容易,他并不是说机遇好才有今天这样的机会,而是真正通过求学才取得这个成就。

这一篇文章,我们应该背诵下来,学习古人的这种求学精神,勉励自己,勤奋学习。

激励一生的读书格言

最后我们再选几个格言和大家一起分享,作为勉励。

第一条是《易经》上讲的,"**天行健,君子以自强不息**"。你看天体的运行,太阳月亮时时刻刻都在运行,天道运行不息,我们要效法天道,勤奋努力自强不息,勉励自己学习天道的这种精神,勤奋努力没有停下来的时候。而且这个努力不是说为自己的功名富贵,而要想到"为天地立心,为生民立命,为往圣继绝学,为万世开太平",真正为国家为民族为成就自己的道德学问利益社会来努力学习。

第二条是韩愈的,"**业精于勤荒于嬉,行成于思毁于随**"。你学问能精通,最重要的是能勤学。学业荒废就是你爱好游玩,爱好嬉戏。你德行能够成就,做事能够成功,一定是慎思的结果,之所以能够毁败就是因为你随便,韩愈还讲过"**书山有路勤为径,学海无崖苦作舟**",这个我们都比较熟悉。

另外在《少年进德录》里面，也有很多这种勤奋的格言，其中一条讲道：“大抵天下事以难而废者十之一，以惰而废者十之九。”天下的事情因为难而没有办成的、荒废的，大概是十分之一，很多事情就是因为我们懒惰没办成，所以一生要想有成就，最重要的是要勤奋。

《少年进德录》里面还有一段话讲道："勤为无价之宝，士勤读书，可以博取功名；农勤耕种，可以多获米粟；工商勤营作，则财利日益；妇女勤纺织，则布帛自盈。是人生之名利，皆自勤中来也，其可不勉于勤乎？"

人生要想有成就，就在一个勤字，你努力读书你才会有成就，农民努力耕种才能多打来米。工商业的人能努力劳作，才会获得财力。妇女努力纺织，纺的布自然会多。世间的事都要靠勤奋得来，何况我们要想有成就，要想成圣成贤，更要努力勤奋。而且勤奋最重要一点是你的方向不能搞错了，我们曾经看过这样一个新闻报道，有一个偷自行车的小偷，他看了现在的成功学，他也是特别勤奋，规定自己每天要偷多少辆自行车，结果没几天被抓到派出所。所以你看勤奋要用到正道上，如果你是为自己，为自己这些名利，你虽然很勤奋，你可能得到了，反而使自己远离伦理道德，离我们的本心越来越远，这样，人生不仅不能得福，反而会得祸。所以在我们人生当中，最重要的首先是选择，方向选对了，你勤奋才会有成就。所以勤奋要有一个前提，如果方向选错了，你越是勤奋，结果就南辕北辙，离我们人生成就的目标反而会越来越远。

第七章
改过是人生的必修课

读书有成就，首先要改过

读书要有进步，就一定要改正我们的过失。古人讲，"人非圣贤，孰能无过"，我们都是凡夫，不是圣人贤人，怎么会没有过失？在生活当中我们会犯过失，这是非常正常的现象，没有人是十全十美的。所以犯了过失最重要的是能改。在《弟子规》里面讲道："无心非，明为错，有心非，明为恶。"就是你不是有意地做了错事这个叫错，你有意做坏事这叫恶。

我们不管是有心无心犯的这些过失都要改正。人生就是不断改过、努力修善，这样你的人生才会有成就。犯了过失并不可怕，可怕的是我们自己不肯改。甚至还意识不到自己的错误，这是最可怕的。所以古人讲"过而能改，善莫大焉"，什么叫善，真正的善就是你能改过，改过就是行善。一天改自己一个过失，一年下来能改几百个过失，三年下来你能改掉很多过失。你一生这样努力改过修善，那你就能成圣成贤。当然这个过失有轻有重，比如说无心的，"无心非，明为错"，这个就轻，不是我们诚心要犯这个过失，是我们自己不小心不警觉，养成这种不良的习气，所以犯下这个过失。虽然不是有心的，但还是过失啊。犯了错也会受到惩罚。"有心非"是我们故意做的，你心里面起了贪念，起了嗔念，造了很大的恶业，这个叫恶，那是我们的心恶，所以导致行恶。你造作恶业就会有恶的果报。比如我们对人发火，骂人打人，这都是很大的过失。你如果这样做人家对你怀恨在心，甚至有一天可能会找机会报复你。无心的也是，无心的过失自己没意识到，但是别人可能记在心里。这些过失都要改正过来，没有什么过失是改不了的。关键是我们自己肯不肯改，你如果不肯改，那你这个过失越积越多。古人讲"恶不积，不足以灭身"，你造作不善的行为越来越多，就会给你带来灾祸。所以想要改过，要从小开始，从年轻的时候开始。努力断恶修善，你越到后面就越容易，你的人生就会越来越顺利。如果从小有恶习不改正，越往后就越难改。

我们在这里讲几个故事。

春秋战国时期，晋灵公这个人特别残暴，因为他是国君，权力很大，经常无故杀人。有一天厨师送上来熊掌，炖得不是很熟，他就特别残忍，把厨师当场给处死了。晋灵公有两位大臣，一个叫赵盾，一个叫士季，这两个大臣都特别正直，他们了解情况之后就特别气愤，就进宫去劝谏晋灵公。

> **延伸阅读：**
>
> 晋灵公，晋襄公之子。姬姓，名夷皋。公元前620年即位，其时年龄尚幼，即好声色。后来渐长，宠任屠岸贾，不行君道，荒淫无道，以重税来满足奢侈的生活，致使民不聊生。

首先是士季去朝见，晋灵公从士季的神色当中就知道他是为了他杀厨师的事而来。就假装没看见他，一直到士季往前走了三次，走到宫殿的屋檐下面，晋灵公才漫不经心地瞟了他一眼，就讲，我已经知道我犯了错，我以后一定改正。士季听晋灵公这么一讲，态度也特别温和，跟他讲，谁没有过失呢？有了过失能够改正那就好了。如果你作为国君能接受大臣的劝谏，这样你就是一个好国君。但是实际上晋灵公并没有真心想改自己的错。他听不进臣子的劝告，他那种残暴的行为还是没有改变。几天之后，赵盾又再次劝谏他。晋灵公不仅没有接受，而且特别讨厌谏臣，最后甚至派刺客去杀赵盾。但是他选的这个刺客看到赵盾这么正直、忠贞，真正是为国家社稷着想的忠臣，所以这个刺客宁可自杀也不愿杀赵盾。后来晋灵公知道刺杀赵盾没有成功，于是又改了一个方法。假装请赵盾去赴宴，准备在宴席当中把赵盾杀掉，结果赵盾被卫士救出来，晋灵公的阴谋又没得逞。作恶多端的晋灵公自己有了过失不肯改正，最后被一个叫赵穿的人给杀死了。这就是不肯改过最终的结局。

相反，如果我们愿意改过，就能够取得成就。前面我们讲了孟子的故事，孟子三岁的时候父亲就去世了，靠母亲织布过日子。孟子小时候特别贪玩，不肯用功读书。有一天放学回来的时候，他母亲正在家里织布，就问他，你今天怎么这么早就回来了。孟子就讲，我不想读书了，不愿意念书了。孟子的母亲听了就非常气愤，拿起刀来就把自己正在织的布给割断了，她跟孟子讲。这个布是一根一根丝织起来的，学问是一点一滴积累起来的，你荒废学业就跟我把这个布剪断一样，剪断就不能成一匹布了，学业荒废你就不能成为一个有学问的人。孟子听了母亲的话特别惭愧，心里特别难过。就跟母亲讲，我错了，我一定改正自己的过失。孟子从此以后不再逃学，而且学习特别勤奋。最终成为"亚圣"。

下面我们再讲一个故事。在夏朝的时候，有一个诸侯叫有扈氏。这个诸侯叛国作乱入侵夏朝，当时夏禹让他的儿子伯启去抵抗，结果伯启被打败了。伯启的部下就特别不服气，要求继续进攻。伯启讲，不必了，咱们的兵比他多，地比他大，但是被这个有扈氏打败了。这是我的德行不如他，我带兵的方法不如他，从今天起我一定改正自己的过失。

伯启从此每天特别早就起床，粗茶淡饭，生活很朴素，对百姓特别照顾，而且特别注重选用贤德的人，尊敬有德的人。伯启能够改过，后来这个事情就传到有扈氏那里，有扈氏知道之后不但不再来侵犯夏朝，反而自动投降。

这是讲我们真正能够改过，你的命运就完全能改变。所以一个人最怕的不是有过失，而是知过不改。知过不改这是真正的过失。

《弟子规》上还讲到"过能改，归于无。倘掩饰，增一辜"。就是我们犯了过失最重要的是能改掉，将来不再犯了，那你就没有过了。

《菜根谭》里面有一句话讲道："弥天罪过，当不得一个悔字。"如果我们犯了过失能懂得忏悔，就能够补救。怕的是你不肯改，甚至不觉得自己有过失，还要掩文饰非。如果你掩饰本来你无心犯下的过失，那么这个过失就更大了。"增一辜"，这个辜是过失，等于你过上加过。所以真正的圣人君子他不会自己有了过失不承认，觉得自己好像有了过失低人一等，不是这样。真正的圣贤君子他能勇于承认自己的过失，而且每天发现自己的过失。《了凡四训》里面就讲道："务要日日知非，日日改过；一日不知非，即一日安于自是。"就是你每天都要知道自己有哪些过失。有了过失及时改正，天天改过，你才能提升。如果一天不知道自己的过失，你这一天就会安于自是，自以为是，认为自己很好，这就等于是自暴自弃，自甘堕落。所以一定要认识到自己的过失，如果我们一天没有过失可改，就是我们这一天看不到自己的过失，你这一天就没法进步

> **延伸阅读：**
>
> 《菜根谭》是明代还初道人洪应明收集编著的一部论述修养、人生、处世、出世的语录世集。具有三教真理的结晶和万古不易的教人传世之道，为旷古稀世的奇珍宝训。对人的正心修身、养性育德，有不可思议的潜移默化的力量。其文字简练明隽，兼采雅俗。

了，一定要改过。所以你看世间聪明人很多，在学校里面读书成绩很好的也很多，资质很不错，但是很多人一生没有什么建树，道德学问也不怎么样，就是因为他因循耽搁一生，因循什么？因循自己的习气。有的人学习成绩很好，但是生活中他还是有很多的习气毛病。这样的人也未必能取得成就，所以学习一定要勇于改过。不仅仅是学习知识，你真正能看到自己的缺点，能改正自己，你就是真正的在学习。尤其我们学习圣贤的教诲，不是说你把经典背下来多少，而是你真正依教奉行，把自己以前行为当中不符合圣贤教诲的行为举止都改过来。你能改正过失，那你的道德学问就会增长，你的命运就会改变。

改过迁善，心想事成

明朝有一位袁了凡先生，他曾经写过一篇家训叫作《了凡四训》，这里面他就讲了他自己一生改过的故事。了凡先生在年轻的时候遇到一位孔先生，特别会算命，把了凡先生一生的命运都算定了。几岁考第几名，哪一年考上秀才，做一个小官，拿多少俸禄，而且告诉他命中无子，53岁寿终正寝。说他一生没有功名，没有中举人中进士的命，只能当秀才。了凡先生考上秀才之后，他去南京的国子监进修，还没去国子监之前，他到栖霞山拜访云谷禅师，跟云谷禅师

> **延伸阅读：**
> 《了凡四训》，是种德立命、修身治世类教育书籍。作者为明代袁黄，字坤仪，后改名了凡；是书作于作者六十九岁之时，全文分四个部分。作者以自己的亲身经历，讲述了改变命运的过程。原本为教训自己的儿子，故取名《训子文》；其后为启迪世人，遂改今名。

对坐了三天三夜。云谷禅师发现他功夫很好，就问他你跟我坐三天三夜不起一个妄念，用的什么功夫。袁了凡就跟他讲我没有什么功夫，就是我的命被算定了。一切都是命，也就没有什么好想的。云谷禅师是一位大德，听了凡先生这么一讲，就哈哈大笑，说我原来以为你是个英雄，原来你还是一个凡夫。了凡先生就问了，为什么说我是一个凡夫。云谷禅师就跟他讲，你的命运被孔先生算定了，几十年都没有改，那你不就是凡夫吗？袁了凡先生一听就问禅师，这个命能不能改？禅师就告诉他，命运掌握在我们自己手中，你能够改过迁善就能改造命运。所以后来袁了凡听了云谷禅师的开示之后，就反省自己的过失。为什么自己命里面没有儿子，命里面没有功名，他把这些没有儿子没有功名的原因都找到，发现自己有才华，常以才势盖人，不懂得含蓄。而且发现自己有洁癖，而且经常爱发怒，这是反省自己的过失。自己爱发脾气，没有和气，所以命里没有儿子。而且他爱惜名节，常常不能舍己救人，这也是他没有儿子的原因。他还反省自己话很多，多言好气，喜欢彻夜长坐，这也是自己没有儿子的原因。又讲到能够得到功名的人往往都是有福气的人，自己没有福气，没有福相，这都是自己不能改过。

　　他听了云谷禅师的开示之后，就认识到命运操之在我。只要自己努力改过，力行善事，就能改造命运。所以后来了凡先生发了三次愿。第一次做三千件善事，十年完成。第二次做三千件善事，用了三年，第三次发愿做一万件善事，后来一念就完成。由于他能够改过，他的命运就全改了。命里面没有功名，后来考上举人、考中进士，中了进士还做了宝坻的知县，命里面没有儿子，结果他生了两个儿子。命运完全改了，那个算命先生算他只有53岁，结果他活了73岁，多活20年。他的命运之所以能够改变，就是因为他能够改过。所以了凡先生在家训里面告诉我们，"务要日日知非，日日改过；一日不知非，即一日安于自是"，每天要知道自己的过失，知道过失每天要改正，每一天都这样那你的人生命运自然就能改变。所以一个人贵在能够改过。人没有不犯过失的，犯了过失能改正，这样的人就是真正值得我们学习的榜样。

我们在这里讲一些古人的故事，比如说东汉的时候有一个人叫作王涣，他年轻的时候喜欢跟一些品行不正的青年玩耍。但是晚年他改变了，改正自己的过失。史书上讲他是"晚而改节"，后来还做官，做官的名声也很好。

唐朝的时候有一位著名的诗人陈子昂，他出生富家，有一些富家子弟的习气毛病，后来他认识之后就改正自己，结果成了初唐诗坛的一位著名诗人。

宋朝的寇准年轻的时候有很多习气毛病，在母亲的教诲下，最终成为一位有名的大臣。

晋朝的时候有一位叫皇甫谧的人，他从小就跟着叔父生活，而且游手好闲，放荡不羁，不学无术。周围人劝他都没有用，大家都以为他这个人一生肯定不能成才。结果在他20岁的时候，他叔母就把他叫到跟前，痛心地责备他，劝告他让他改过。后来皇甫谧就下定决心改过，开始努力学习。后来他得了风湿性麻痹症，导致半身不遂，但是他并没有因病而中断学习，反而更加努力攻读。皇甫谧精通医学，他写的《甲乙

> **延伸阅读：**
>
> 皇甫谧（215—282），幼名静，字士安，自号玄晏先生。安定朝那人。他编撰了《针灸甲乙经》、《历代帝王世纪》、《高士传》、《逸士传》、《列女传》、《元晏先生集》等书。他一生以著述为业，在医学史和文学史上都负有盛名。

经》是我们国家历史上讲针灸的重要的一部中医古籍,他死后留下了很多著作。一个不学无术的人最后能够有这样的成就,就是因为他能改过。所以古人讲"过能改,归于无","过而能改,善莫大焉"。

我们再来看一个故事。在古代有个人叫王列,他是一个诸侯国的国君。他这个封国当中有一个偷牛的人被主人抓住了。这个偷牛贼就讲,我见到这头牛产生了邪念,一时糊涂了。从今以后我一定痛改前非,你在赦免我之后,希望你不要让王列知道这个事情。百姓当中有人把这个事告诉王列,结果他没有处罚这个偷牛的人,反而拿出一定数量的布赠送给这个偷牛的人。有人就问王列,说这个人已经偷了东西了,害怕你知道这个事,你反而给他赠送布匹,这是什么意思?你为什么要这么做?王列就回答,春秋时期有一位秦穆公,有人去偷他的马,而且把他的马杀了吃了,秦穆公知道这个偷马的人之后结果还赏赐给他们酒喝。最后这个偷马的人在战场上打仗就特别卖力,不惜牺牲自己的生命来救秦穆公。所以现在这个偷牛人能够改悔他的错误,怕我知道他这件事,表明他已经懂得羞耻之心了。一个人有羞耻之心,那他就会产生向善之心,所以我送他布匹就是劝他为善。

一年之后,路上有个老人挑重担,有人见到之后就主动替老人挑了几十里。快到老人的家的时候才把这个担子放下离开。老人问他名字他也不说。过了不久这个老人又出门,把佩剑丢在了路上,有一个路人在途中就拣到这把佩剑。拣到之后他就守着这把剑,一直等着佩剑的主人回来。结果这个老人回来之后,发现守剑的这个人就是上次帮他挑担的那个人。这个老人就和这个人讲,你之前为我挑担子,你不告诉我姓名,现在我丢了这个剑你又在路上守着，我从来没有见到像你这样的好心人，请你告诉我你的名字，我一定要把这个事告诉王列。结果这个人还是没有说自己的名字。这个老人后来就把这个事告诉王列，王列说世界上还有这样的善人，我怎么会找不到？后来就派人去找，结果去发现就是原来那个偷牛的人。

所以一个人不怕有过失，怕的是没有什么呢？没有羞耻心。真有了羞耻心你就会努力改过。你就能从一个恶人变成一个善人，你的命运就能够改变。

读书人要闻过则喜、勇于改过

在《孟子》里面有这样一段话，孟子曰："**子路人告之以有过则喜，禹闻善言则拜，大舜乐取于人以为善。**"这是讲孔老夫子有一个学生叫子路，子路特别诚实，别人讲出他的缺点，他听了之后就特别高兴，而且虚心接受。过去大禹听到善言立刻就回拜对方，大舜也是如此，人家有好的意见他就接受。

人家能指出我们的缺点毛病，这是件好事。所以古人是闻过则喜。但是我们现在人听到人家讲我们的过失，我们立刻就不高兴了，和古人完全不一样。一个人能做到闻过则喜，他就会日日进步。

在春秋时候有一位齐威王，他曾经颁布一道命令，就是让群臣百姓直接讲出他的过失的给他上等的赏赐，如果是上书劝谏他的人给他中等的赏赐。如果是在朝廷外面的集市上议论他过失的人给他下等的赏赐。你看齐威王特别能接受人的意见，乐意听人家讲他的过失，最好是当面讲，或者是上书写报告劝谏他，或者是在公众场合议论。齐威王都给他们奖赏，这样的话他就能够知道自己的过失，结果最后齐国大治，国力昌盛。这都是因为齐威王能闻过则喜所致。

> **延伸阅读：**
> 齐威王（前378—前320），战国时期齐国国君。妫姓，田氏，名因齐，齐桓公田午之子。公元前356年继位，在位36年。以善于纳谏用能，励志图强而名著史册。

要做到闻过则喜我们一定要胸怀广阔，没有大心量怎么乐意听人家讲我们的过失呢？一定要有大的心量，什么话都要能够听得进，什么事心里都要能装得进去。而且要能容忍，对任何人都能包容。你有这样的德行，人家才会真心讲你的过失。否则一般人人家不愿讲你的过失，因为讲了你不高兴，不乐意听。如果我们听不到自己的过失，我们如何改过？很多过失我们自己意识不到，所以要懂得闻过则喜，要乐于听取他人对我们的劝谏，乐于让人家帮助我们改正过失。

我们这里再讲三个故事。

第一个故事讲，过去有一个人叫周处，他从小父亲就去世了，没有受过好的家庭教育，性格特别暴躁，动不动就跟人争斗，凡事都由着自己的性子，蛮不讲理，在他们的村子里是为所欲为。他力气特别大，喜欢骑马打猎，村里的人都特别讨厌他。把他和山上的猛虎、水里的蛟龙并称为"三害"。有一天周处看到一些老人围坐在一起，愁眉不展，唉声叹气，不知道他们在议论什么，周处就走过去问，你看今年天气又好又丰收了，你们还有什么不高兴的事。其中一个胆大的老人就讲，我们村子里面有三害，这个三害如果不除掉，人哪会快乐呢？周处就连忙问他，我们村里有哪三害，快讲给我听听。这个老人就跟他讲，第一害是南山上的猛虎,猛虎吃人,第二个是长桥下有蛟龙。讲完这两害老人就不愿意讲了,周处就问他第三害是什么,这个老人就讲第三害就是欺压乡邻的恶人,弄得大家不得安宁。周处就跟这个老人讲,这三害没有什么,我除掉这三害。老人就讲,你要是能除掉这三害当然很好,我们大家一定特别感激你。结果周处就真去除这三害了。他带着弓箭,带着刀剑跑到南山上用弓箭把猛虎给射死了,又到长桥,跳到桥下擒拿蛟龙,最后把蛟龙也处死了。结果这蛟龙非常的凶猛,周处紧追不舍,一直追了三天三夜最后才把这个蛟龙给杀死。村里的人看到周处三天不回,以为他与蛟龙同归于尽了。大家都很高兴,就庆祝三害已经除掉了。其实周处没有死,他爬上岸回到村里,发现大家都在庆祝这三害除掉了,这时,才知道自己也是这个三害之一,他心里就特别难过,一个人被看作跟老虎、蛟龙一样,还有什么意思呢?所以他就决心改过,到处去求师问道,向人学习,改正自己以前那种专横无理的行为,努力帮助别人,做一个忠厚老实的人。因为他能够勇于改过,最后得到乡民的赞叹,后来他就被推荐做了官,而且成为一个清廉的官员。这就是"周处改过"的故事。你看一个人只要能够改过,人人都欢喜。即使你以前有再大的过失,你能改过来,大家都会赞叹。

　　下面我们再讲一个宋昭公的故事。春秋战国时期有一位宋昭公,当时宋国内政不修,国家发生动乱,宋昭公被弄得众叛亲离,被迫从国都逃出来。在路上宋昭公就反思自己,他跟车夫讲,我终于知道我这次为什么被迫出逃了。车夫讲那是什么原因呢?宋昭公讲以前不管我穿什么衣服,侍臣都说我这个衣服很漂亮。不管我说什么话,大臣都说我很英明,这样我在家里在外面都发现不了自己的过失,所以落得这个下场。宋昭公明白这个道理之后,他就改变自己,努力修德,反省自己的过失,改正自己的习气毛病。结果用了不到两年时间,他的美名就传回了宋国。宋国人又把他迎回国内,让他重做国君,他死后给他的号叫作"昭",按照古人的谥法,"昭"就有称赞他能够知过必改的意思。

  在春秋战国的时候,还有一位君主叫作楚文王,楚文王曾经特别迷于打猎,不理朝政。太保申就借先王之命,向楚文王提出要处罚他,等于是楚文王前面的帝王授予太保这个权利,如果楚文王没有德行,要对他进行刑罚。太保申最后就用50根荆条捆在一起,放在楚文王的背上,拿起来又放下,这样做了两次,然后跟楚文王讲,请你起来,并没有真的打他。楚文王就讲,有这个受鞭刑的名称,你干脆真正打我一顿。太保申就讲,对君子最重要的就是让他感到羞耻,让他有羞耻之心,对小人就让他皮肉感到疼痛。如果一个君子让他感到羞耻还不能改正自己的过失,让他尝到疼痛又有什么用呢?楚文王听了之后,也起了羞耻之心,就不再喜欢打猎沉迷女色,最后把楚国治理得非常好,扩大了楚国的疆土。

  可见,一个人只要能够改过,大到国君小到平民,人生命运都会改变。

弘一大师《改过实验谈》

下面我们来学习一下弘一大师一篇谈改过的文章,叫《改过实验谈》。弘一大师是近代的佛门高僧,他曾经在1933年为大众讲话,内容就是教人怎么改过。弘一大师把它分为两方面,一个是总论,一个是别示。总论是讲改过的次第,我们节录这篇文章其中的要点和大家分享。

改过的次第,弘一大师把它总结为三点,一是学,二是省,三是改。学就是学习,弘一大师讲学,"须先多读佛书儒书,详知善恶之区别及改过迁善之法。倘因佛儒诸书浩如烟海,无力遍读,而亦难于了解者,可以先读《格言联璧》一部。余自儿时,即读此书。皈信佛法以后,亦常常翻阅,甚觉其亲切而有味也。此书佛学书局有排印本甚精。"

> **延伸阅读:**
> 《格言联璧》一书是集先贤警策身心之语句,垂后人之良范,条分缕晰,情给理明。全书主要内容包括学问类、存养类、持躬类、摄生(附)、敦品类、处事类、接物类、齐家类、从政类、惠吉类、悖凶类。所谓成己成人之宝筏,希圣希贤之阶梯也。

这是讲一个人要改过一定要先读书,要读什么呢?要读圣贤的经典。要知道善恶的区别,明白改过迁善的方法。但是这些经典很多,弘一大师教我们先读《格言联璧》,这一部书是清朝人金缨辑录的,全是格言。学习起来容易入门,而且弘一大师对《格言联璧》有一个节录,叫作《格言别录》,内容不长,值得我们学习。如果我们从小学习这些格言,自然就能对自己起到潜移默化的作用,能够培养我们的人格。

第二是省，要懂得反省自己。弘一大师说："省既已学矣，即须常常自己省察，所有一言一动，为善欤，为恶欤？若为恶者，即当痛改。除时时注意改过之外，又于每日临睡时，再将一日所行之事，详细思之。能每日写录日记，尤善。"

就是我们学了这些圣贤经典，知道什么是善什么是恶，知道怎样改过迁善之后，那就要真干。就要在生活当中真正落实。每天反省自己的言语行为，是善还是恶。如果是恶的就要改，而且每天睡觉之前要反省。把一天所做的事详细地过一遍。哪些地方有过失，最好是每天写日记记下来，警醒自己不要再犯。

下面第三步是改，弘一大师讲："省察以后，若知是过，即力改之。诸君应知改过之事，乃是十分光明磊落，足以表示伟大之人格。故子贡云：'君子之过也，如日月之食焉；过也人皆见之，更也人皆仰之。'又古人云：'过而能知，可以谓明。知而能改，可以即圣。'诸君可不勉乎！"

弘一大师告诉我们，反省省察知道自己的过失之后，一定要改掉。不要不好意思，改过是一件光明磊落的事情，这是培养我们伟大的人格，教我们成圣成贤。你看《论语》里面子贡讲道，"君子的过失好像是太阳月亮有日食月食，它有日食月食的时候我们大家都能看到。就好比君子绝对不掩饰自己的过失，有了过失，改正之后，大家反而更敬仰他。君子闻过知非，小人有了过失一定是掩饰自己。《弟子规》上讲，"倘掩饰，增一辜"，你犯了过失如果还要掩饰，不想让人知道，不敢让人知道，这又过上加过。

如果有了过失之后人都能见到，改了之后人家就敬仰他赞叹他，所以有了过失不要怕，不要不好意思，最重要的是改过来。

古人又讲，你有了过失能知道，这是明。你是明白人，知道了能改正，你就能成为圣人，所以我们一定要勉励自己。

如何改过，弘一大师又讲了十条。

第一条叫虚心。弘一大师讲："常人不解善恶，不畏因果，决不承认自己有过，更何论改？但古圣贤则不然。今举数例：孔子曰：'五十以学易，可以无大过矣。'又曰：'闻义不能徙，不善不能改，是吾忧也。'蘧伯玉为当时之贤人，彼使人于孔子。孔子与之坐而问焉，曰：'夫子何为？'对曰：'夫子欲寡其过而未能也。'圣贤尚如此虚心，我等可以贡高自满乎！"

第一条是教我们虚心，一般人都有傲慢心，现在年轻人小孩都有傲慢。为什么有傲慢？就是不懂得善恶，不害怕因果。有了过失也绝不承认，更何况去改。你看现在人说了过失之后他不能认识，甚至还躲躲藏藏。但是古人，尤其是古代这些圣贤人就不一样。你看孔老夫子都讲了，如果上天给他五年十年时间学《易》他就不会有大的过失。还讲到自己最担忧的事就是听闻道义之后不能改正，不能让自己言行举止符合道，有了过失不能改是他最担忧之事。和夫子同时代的有一位蘧伯玉，这也是一位贤人，他曾派使者去看孔子，孔子问来人说："夫子何为？"对曰："夫子欲寡其过，而未能也。"意思是说，蘧伯玉夫子在做什么呢？来人回答说，蘧伯玉夫子想要减少自己的过失，但是还做不到。蘧伯玉是那个时候著名的贤人，他的德行已经很高了，还是念念担心自己过失还这么多。我们现在没有学习圣贤教诲，满身都是过失，怎么能以此功高自满呢？甚至看不到自己的过失，自以为是，这就不对了。一定要懂得虚心，要懂得发现自己的过失，一个人虚心才能发现自己的过失。

第二点是慎独。弘一大师讲："**吾等凡有所作所为，起念动心，佛菩萨乃至诸鬼神等，无不尽知尽见。若时时作如是想，自不敢胡作非为。曾子曰：'十目所视，十手所指，其严乎！'又引诗云：'战战兢兢，如临深渊，如履薄冰。'此数语为余所常常忆念不忘者也。**"

就是我们所作所为，做的任何事情，我们的起心动念要知道这些圣贤、佛菩萨、天地鬼神都知道，你起一个善念他知道，起一个恶念他也知道。所以有的人起一个恶念还没等做恶事已经有灾祸来临。如果你天天这样想，自然就不敢胡作非为。就像《大学》里面曾子讲的，"十目所视，十首所指"，就是十只眼睛看着你，十只手指着你，你怎么能够不谨慎、不警惕，你还好意思犯过失？我们犯过失往往是一个人的时候，所以古人讲君子慎独。在众人面前还冠冕堂皇，不敢犯过失，一个人的时候就肆无忌惮，所以独处的时候要格外谨慎。《诗经》上讲："战战兢兢，如临深渊，如履薄冰。"好像站在深渊边，或是踩着很薄的冰，一不小心就会掉下去。你保持这种警觉的心，那你自然就会减少过失。

第三点是宽厚。弘一大师讲："**造物所忌，曰刻曰巧。圣贤处事，惟宽惟厚。古训甚多，今不详录。**"

这是教我们做人一定要宽厚，造物者所忌讳的就是你做人太刻薄，太工于心计了，你不用真心就会有过失。对人要用真心，所以圣人处事一定是本着宽厚、宽容，对人用真诚心的。

第四点是吃亏。弘一大师讲："**古人云：'我不识何等为君子，但看每事肯吃亏的便是。我不识何等为小人，但看每事好便宜的便是。'古时有贤人某临终，子孙请遗训，贤人曰：'无他言，尔等只要学吃亏。'**"

一个人要懂得吃亏，要知道有一句话讲吃亏是福。君子是乐于吃亏的人，小人就是爱好占便宜。所以古代有一个人临终告诉子孙，没有别的话，就一句话，你要懂得学会吃亏。吃亏是福。

　　第五条是寡言。弘一大师讲：**"此事最为紧要。孔子云：'驷不及舌'，可畏哉！古训甚多，今不详录。"**

　　寡言就是说话要少，这是最紧要的。《弟子规》上说，"话说多，不如少"，"君子一言，驷马难追"。你说出去的话就像泼出去的水，收回来就很难了。我们有很多过失往往就是嘴不够严，说话很容易犯过失。

　　第六条是不说人过。弘一大师讲：**"古人云：'时时检点自己且不暇，岂有工夫检点他人。'孔子亦云：'躬自厚而薄责于人。'以上数语，余常不敢忘。"**

　　我们要常常反省自己，反省自己的时间都不够，哪有时间检点他人？孔子讲一个人反省自己，对自己要严格要求，不要去责备他人，不要老讲别人的过失，讲别人的过失这就是过。俗话讲：说人是非者，必是是非人。孔子也说，要常常反躬自省，要少责备他人。

　　第七条是不文己过。弘一大师讲道：**"子夏曰：'小人之过也必文。'我众须知文过乃是最可耻之事。"**

　　小人有了过失一定是文饰自己，我们一定要知道有过失，为自己文饰辩解这是最可耻的事。《弟子规》上告诉我们，"倘掩饰，增一辜"，如果你还要掩饰自己的过失就等于过上加过。

　　第八条是不覆己过。弘一大师讲：**"我等倘有得罪他人之处，即须发大惭愧，生大恐惧。发露陈谢，忏悔前愆。万不可顾惜体面，隐忍不言，自诳自欺。"**

这是讲不要掩盖自己的过失，不重复自己的过失，我们得罪他人之后要发惭愧心，生恐惧心，发露陈谢，不要为了顾全自己的面子不讲，否则就是自己欺骗自己。

第九条是闻谤不辩。弘一大师讲："古人云：'何以息谤？曰：无辩。'又云：'吃得小亏，则不至于吃大亏。'余三十年来屡次经验，深信此数语真实不虚。"

人家诽谤我们，讲我们的过失，你如何应对呢？就是你不要做任何辩解。"清者自清，浊者自浊"，你吃小亏不至于吃大亏，如果你越辩解越辩不明，这也是弘一大师自己几十年的经验，这些话都是真实不虚。

第十条是不嗔。弘一大师讲："嗔习最不易除。古贤云：'二十年治一怒字，尚未消磨得尽。'但我等亦不可不尽力对治也。华严经云：'一念嗔心，能开百万障门。'可不畏哉！"

这个嗔就是发怒，很多事情我们不喜欢，遇到不喜欢不满意的人和事，我们就会发怒。这也是我们生生世世以来的习气。所以古人讲，二十年对治一个怒字都不能做到完全不发怒，不能消磨干净，还会有这个习气。虽然很难但是一定要努力对治。一定要勇于改过。《华严经》上讲道："一念嗔心，能开百万障门。"你一旦发怒所有的障碍就来了。怎么能不感到可畏呢？

这是弘一大师《改过实验谈》其中一部分，我们和大家一起学习。大家也可以把这篇文章找来，好好学习。最重要的是我们要真正努力改正自己的过失。

激励一生的改过格言

下面我们再讲一些格言。

第一条:"人不患不知其过,既知之,不能改是无勇也。"这是韩愈的话,人最大的忧患就是不知道自己的过失。不知道自己的过失是最可悲的,因为你想改过却不知道从何改起。既然知道自己的过失,不能改正是没有勇气。一个人有真正的勇气是过而能改,有了过失能够改这叫有勇。古人讲"知耻而后勇",这个耻是什么?自己有了过失感到羞耻,感到羞耻你就能改过。

第二条是《左传》里面的话,"人孰无过,过而能改,善莫大焉。"人怎么会没有过失呢?有了过失能够改正,这是最大的善。我们帮助别人这是小善,最大的善是什么?我们能帮助自己,把自己的过失改正。

第三条是王阳明的话,"人不贵于无过,而贵于能改过。"人可贵的不是说他没有过失,最可贵的是他改正自己的过失。你能改过,就能从小人变成君子,从君子变成贤人,从贤人变成圣人。

第四条是《易经》里面的话,"益,君子以见善则迁,有过则改。"周易有一卦叫益卦,夫子在《象传》里面讲,君子看到益卦要见善则迁,有过则改,见到人家有善行我们要学习,看到自己

> **延伸阅读:**
> 《左传》原名为《左氏春秋》,汉代改称《春秋左氏传》,简称《左传》。旧时相传是春秋末年左丘明为解释孔子的《春秋》而作。它起自鲁隐公元年(前722年),迄于鲁哀公二十七年(前468年),以《春秋》记事为纲叙事,其中有说明《春秋》书法的,有用实补充《春秋》经文的,也有订正《春秋》记事错误的。《左传》既是中国古代史学名著,也是文学名著。

有过失要改正。

第五条是《论语》里面讲的，"**过而不改，是谓过也。**"真正的过不是我们有过失，而是我们有了过失而不改正，这是真正的过失。

第六条，"古人贵朝闻夕改"，古人改错误特别的坚决，特别快速，朝闻夕改就是早上听说之后晚上就改正了，不会让自己这个坏的毛病习气延续很久。这是出自《晋书》的周处传，前面我们讲到周处的故事，真正是改正自己的过失，"朝闻夕改"。《论语》里面讲："朝闻道，夕死可矣。"你早上闻道之后，晚上死去都可以。一个人能朝闻夕改，这一生一定能成圣成贤。

第七条是唐朝贯休的话，"**非莫非于饰非，过莫过于文过**"，这个非也是过失错误，最大的错误就是文饰自己的过失，掩饰自己的错误，最大的过失就是文饰自己的过失，所以有了过失不要怕，最怕的是我们有了过失还掩饰自己，这就是真正的过。所以一个人有过失是很正常的，能改正过失这就非常难得。我们一生最重要的就是努力发现自己的过失，改正自己的过失，改过修善，最后才能成圣成贤。

第八章
恒心是读书成就的试金石

没有恒心，一定学无所成

这一讲我们来谈谈恒心。一个人做事一定要有恒心有毅力。我记得小时候，家里课外读物很少，唯独有一本书，是父亲买来自己看的，叫作《古文观止》，《古文观止》里面有一篇文章，是苏轼的。里面有一句话讲道："古之立大事者，不惟有超世之才，亦必有坚忍不拔之志。"这句话对小时候的我影响很大。那时候我常常把这句话抄在纸上，用来勉励自己，意思是讲古代能成就大事的人，不仅有特别突出的才能，一定有坚韧不拔的志向，有超乎常人的毅力，也就是说一定会有超乎常人的恒心意志。一个人要想有成就，一定要有恒心，要有这种锲而不舍、持之以恒的精神。否则就不可能在学业上、事业上有所成就。这种精神尤其要从小培养。

在《易经》里有一卦叫恒卦，孔老夫子在解释恒卦的时候，就讲"君子以立不易方"，就是讲君子做人做事要有志向，不要轻易改变，要能够持之以恒，要时时刻刻走在道上。在恒卦里面还讲道："不恒其德，或承之羞。"一个人如果不恒常地修德，就难免会受到羞辱，为什么会受到羞辱呢？就是讲一个人没有恒心，一生无法成就德行和事业。不管做大事还是小事，都需要恒

> **延伸阅读：**
>
> 《古文观止》是清朝康熙年间选编的一部供学塾使用的文学读本。"观止"一词表示"文集所收录的文章代表文言文的最高水平"。作者是清朝的吴乘权、吴调侯叔侄俩。《古文观止》300年来流传极广、影响极大，在诸多古文选本中独树一帜。该书所选古文，以散文为主，兼收韵文、骈文，所选之文皆为语言精炼、短小精悍、便于传诵的佳作。

常心，你不能成就事业，那在生活当中就被人瞧不起，自然会受到羞辱。所以无论我们想要成就学业、成就德行，还是成就事业，一定要有恒心。

在《论语》里面，孔老夫子曾经讲过，"圣人，吾不得而见之矣；得见君子者，斯可矣。"圣人我是看不到了，能看到君子就不错了，尤其是在现在这个时代，确实圣人我们看不到了，能看到君子是少之又少。夫子还讲，"善人，吾不得而见之矣；得见有恒者，斯可矣。亡而为有，虚而为盈，约而为泰，难乎有恒矣。"孔老夫子讲，别说君子，连好人我都看不到，能够见到一个人，他能始终如一，能有恒心，也就不错了，能够见到这样的人就很难得了，没有的，反而装作有，比如现在人没有道德学问，反而把自己装的好像很有德行，"虚而为盈"，空虚反而当作充实，"约而为泰"，没有钱反而装作很富有，"难乎有恒"，这样人的很难有恒心，很难恒久地修道，为什么呢？他不是用真心。

有一句话讲得很好，"君子立长志，小人常立志"，就是讲一个有德行的君子，他立了一个志向之后，不会随意改变。君子会树立长远的志向，用一生的努力去实现。小人做任何事情没有恒心，立了这个志向之后，做了两天发现不容易，立刻就改变志向，这就是没有恒常之心，树立这个志向，也不能实现。在《孟子》里有个比喻："有为者譬若掘井。掘井九仞而不及泉，犹为弃井也。"这个有为者，就是讲我们读书人、学习修道的人，学习好比挖井，必须持续不断地努力才能见效。如果挖井挖下几丈不见水就放弃，那就只能是一口废井。一定要持之以恒，持之以恒是学习意志和持久力的表现，是学习由浅入深、由表及里不断深化的过程。这样，最后你才能挖出水来。

有一年高考，有一个作文题，其中就画了一个图，一个人去挖井，他挖了几尺没有水，换个地方，又挖几尺还没水，又换了一个地方挖，每次都挖到快出水的时候就放弃，这就是不能持之以恒。

持之以恒才能成就大业

我们来讲几个小故事，勉励我们大家要发起这种恒常心。

第一个是哲学家柏拉图的故事。苏格拉底是柏拉图的老师，他带了一些学生，在开学第一天，苏格拉底就跟学生讲，"今天，我们只做一件最简单也是最容易做的事儿：每个人把胳膊尽量都往前甩，然后再尽量往后甩。"说着，苏格拉底示范了一遍，"从今天开始，每天做300下，大家能做到吗？"

学生们都笑了，这么简单的事情，有什么做不到的？过了一个月，苏格拉底问学生们："每天甩手300下，哪些同学坚持了？"有90%的同学骄傲地举起了手。又过了一个月，苏格拉底再问，这回，坚持下来的同学只剩下了八成。一年过后，苏格拉底再一次问大家："请大家告诉我，最简单的甩手运动，还有哪几位同学坚持了？"这时候，整个教室里，只有一个人举起了手。这个学生就是后来成为古希腊另一位大哲学家的柏拉图。可见，一个人做任何事，要有恒心，没有恒心不能有成就，包括老师对我们的教诲，我们可能一天能做到，一周能

> **延伸阅读：**
>
> 苏格拉底（前469—前399），古希腊著名思想家、哲学家，教育家。他和他的学生柏拉图（约前427—前347），以及柏拉图的学生亚里士多德（前384—前322）被并称为"古希腊三贤"，更被后人广泛认为是西方哲学的奠基者。

做到，能不能做到一生都不违背？这就不容易。你如果一生都不违背，真正把老师的教诲牢记在心，那你这一生一定有成就。

下面我们再讲一个故事。有一个少年向陶渊明求教。陶渊明带他来到田边，指着尺把高的稻禾问："你仔细瞧瞧，它现在是否在长高呢？"少年蹲下目不转睛地盯着禾苗，看了半天，说："没见长啊。"陶渊明反问："真的没见长吗？那么，春天的秧苗又是怎样变成尺把高的呢？"少年不解地摇头。陶渊明开导说："其实这禾苗每时每刻都在生长，只是我们没观察到。读书学习也是这样。知识的增长是一点一滴积累的，有时自己都觉察不到。但只要勤学不辍，持之以恒，就会由知之不多变为知之甚多。所以，有人说**'勤学如春起之苗，不见其增，日有所长'**。"你努力勤奋的学习，就好比春天的苗，没有看到它在增长，但是它时刻都在长进。接着，陶渊明又指着一块大磨石问："你看那磨石，为什么会出现像马鞍一样的凹面呢？"少年答："那是磨损的。""那你可曾见到，它是哪一天被磨损成这样的呢？"少年说："不曾见过。"陶渊明又进一步诱导说："这是农夫们天天在它上面磨刀、磨镰、磨锄，久而久之，磨损而成。由此可见，**'辍学如磨刀之石，不见其损，日有所亏'**。学习一旦间断，所学知识就会不知不觉地慢慢忘掉。"循循善诱的开导，使少年悟到了为学必须"循序渐进，持之以恒"、"勤学则进，辍学则退"的道理。所以你每天要坚持努力你才能够有成就。

下面我们再讲一个鲁班学艺的故事，这也是告诉我们要有恒心。

> **延伸阅读：**
>
> 陶渊明（约365—427），字元亮，（又一说名潜，字渊明）号五柳先生，私谥"靖节"，东晋末期南朝宋初期诗人、文学家、辞赋家、散文家。东晋浔阳柴桑人（今江西九江）。曾做过几年小官，后辞官回家，从此隐居，田园生活是陶渊明诗的主要题材，相关作品有《饮酒》、《归园田居》、《桃花源记》、《五柳先生传》、《归去来兮辞》等。

鲁班年轻的时候，决心要上终南山拜师学艺。他拜别了爹妈，骑上马直奔西方，越过一座座山岗，趟过一条条溪流，一连跑了30天，前面没有路了。只见一座大山，高耸入云。鲁班想，怕是终南山到了。山上弯弯曲曲的小道有千把条，该从哪一条上去呢？鲁班正在为难，看见山脚下有一所小房子，门口坐着一位老大娘在纺线。鲁班牵马上前，作了个揖，问："老奶奶，我要上终南山拜师学艺，该从哪条道上去？"老大娘说："这儿九百九十九条道，正中间一条就是。"鲁班连忙道谢。他左数四百九十九条，右数四百九十九条，选正中间那条小道，打马跑上山去。

鲁班到了山顶，只见树林子里露出一带屋脊，走近一看，是三间平房。他轻轻地推开门，屋子里破斧子、烂刨子摊了一地，连个插脚的地方都没有。一个鬓发皆白的老头儿，伸着两条腿，躺在床上睡大觉，打呼噜像擂鼓一般。鲁班想，这位老师傅一定就是精通木匠手艺的神仙了。他把破斧子、烂刨子收拾在木箱里，然后规规矩矩地坐在地上等老师傅醒来。

直到太阳落山，老师傅才睁着眼睛坐起来。鲁班走上前，跪在地上说："师傅啊，您收下我这个徒弟吧。"老师傅问："你叫什么名字？从哪儿来的？"鲁班回答："我叫鲁班，从一万里外的鲁家湾来的。"老师傅说："我要考考你，你答对了，我就把你收下；答错了，你怎样来还怎样回去。"鲁班不慌不忙地说："我今天答不上，明天再答。哪天答上来了，师傅就哪天收

> **延伸阅读：**
>
> 鲁班(前507—前444)，姓公输，名般，鲁国人(都城山东曲阜，故里山东滕州)。生活在春秋末期到战国初期，出身于世代工匠的家庭，从小就跟随家里人参加过许多土木建筑工程劳动，逐渐掌握了生产劳动的技能，积累了丰富的实践经验。鲁班是我国古代的一位出色的发明家，两千多年以来，他的名字和有关他的故事，一直在广大人民群众中流传。我国的土木工匠们都尊称他为祖师。

我做徒弟。"

老师傅捋了捋胡子说："普普通通的三间房子，几根大柁？几根二柁？多少根檩子？多少根椽子？"鲁班张口就回答："普普通通的三间房子，四根大柁，四根二柁，大小十五根檩子，二百四十根椽子。五岁的时候我就数过，师傅看对不对？"老师傅轻轻地点了一下头。

老师傅接着问："一件手艺，有的人三个月就能学会，有的人得三年才能学会。学三个月和学三年，有什么不同？"鲁班想了想才回答："学三个月的，手艺扎根在眼里；学三年的，手艺扎根在心里。"老师傅又轻轻地点了一下头。

老师傅接着提出第三个问题："两个徒弟学成了手艺下山去，师傅送给他们每人一把斧子。大徒弟用斧子挣下了一座金山，二徒弟用斧子在人们心里刻下了一个名字。你愿意跟哪个徒弟学？"鲁班马上回答："愿意跟第二个学。"老师傅听了哈哈大笑。

老师傅说："好吧，你都答对了，我就得把你收下。可是向我学艺，就得使用我的家伙。可这家伙，我已经五百年没使唤了，你拿去修理修理吧。"

鲁班把木箱里的家伙拿出来一看，斧子崩了口子，刨子长满了锈，凿子又弯又秃，都该拾掇拾掇了。他挽起袖子就在磨刀石上磨起来。他白天磨，晚上磨，磨得膀子都酸了，磨得两手起了血泡，又高又厚的磨刀石，磨得像一道弯弯的月牙。一直磨了七天七夜，斧子磨快了，刨子磨光了，凿子也磨出刃来了，一件件都闪闪发亮。他一件一件送给老师傅看，老师傅看了不住地点头。

老师傅说："试试你磨的这把斧子，你去把门前那棵大树砍倒。那棵大树已经长了五百年了。"

鲁班提着斧子走到大树下。这棵大树可真粗，几个人都抱不过来；抬头一望，快要顶到天了。他抡起斧子不停地砍，足足砍了十二个白天十二个黑夜，才把这棵大树砍倒。

鲁班提着斧子进屋去见师傅。老师傅又说："试试你磨的这把刨子，你先用斧子把这棵大树砍成一根大柁，再用刨子把它刨光；要光得不留一根毛刺儿，圆得像十五的月亮。"

鲁班转过身，拿着斧子和刨子来到门前。他一斧又一斧地砍去了大树的枝，一刨又一刨地刨平了树干上的节疤，足足干了十二个白天十二个黑夜，才把那根大柁刨得又圆又光。

鲁班拿着斧子和刨子进屋去见师傅。老师傅又说："试试你磨的这把凿子，你在大柁上凿两千四百个眼儿：六百个方的，六百个圆的，六百个楞的，六百个扁的。"

鲁班拿起凿子和斧子，来到大柁旁边就凿起来。他凿了一个眼儿又凿一个眼儿，只见一阵阵木屑乱飞。足足凿了十二个白天十二个黑夜，两千四百个眼都凿好了：六百个方的，六百个圆的，六百个楞的，六百个扁的。

鲁班带着凿子和斧子去见师傅。老师傅笑了，他夸奖鲁班说："好孩子，我一定把全套手艺都教给你！"说完就把鲁班领到西屋。原来西屋里摆着好多模型，有楼有阁有桥有塔，有桌有椅有箱有柜，各式各样，精致极了，鲁班把眼睛都看花了。老师傅笑着说："你把这些模型拆下来再安上，每个模型都要拆一遍，安一遍，自己钻精学，手艺就学好了。"

老师傅说完就走出去了。鲁班拿起这一件，看看那一件，一件也舍不得放下。他把模型一件件擎在手里,翻过来掉过去地看,每一件都认真拆三遍安三遍。每天饭也顾不得吃,觉也顾不得睡。老师傅早上来看他,他在琢磨;晚上来看他,他还在琢磨。老师傅催他睡觉,他随口答应,可是不放下手里的模型。

鲁班苦学了三年,把所有的手艺都学会了。老师傅想试试他,把模型全部毁掉,让他重新造。他凭记忆,一件一件都造得跟原来的一模一样。老师傅又提出好多新模型让他造。他一边琢磨一边做,结果都按师傅说的式样做出来了。老师傅非常满意。

一天,老师傅把鲁班叫到眼前,对他说:"徒弟,三年过去了,你的手艺也学成了,今天该下山了。"鲁班说:"不行,我的手艺还不精,我要再学三年!"老师傅笑着说:"以后你自己边做边学吧。你磨的斧子、刨子、凿子,就送给你了,你带去使吧!"

鲁班舍不得离开师傅,可是知道师傅不肯留他了。他哭着说:"我给师傅留点什么东西呢?"老师傅又笑了,他说:"师傅什么也用不着,只要你不丢师傅的脸,不坏师傅的名声就足够了。"这世间父母老师对子女对徒弟没有什么要求,唯一的要求就是你要做一个有德行的人。

鲁班只好拜别了师傅,含着眼泪下山了。他永远记着师傅的话,用师傅给他的斧子、刨子、凿子,给人们造了许多桥梁、机械、房屋、家具,还教了不少徒弟,留下了许多动人的故事,所以后世的人尊他为木工的祖师。

这是鲁班学艺的故事。这几个故事都告诉我们,一个人要想有成就,一定要有恒心,没有恒心就一事无成。

读书人要有志、有识、有恒

清朝大臣曾国藩曾经讲过一段话:"盖士人读书,第一要有志,第二要有识,第三要有恒。有志则断不甘为下流;有识则知学问无尽,不敢以一得自足,如河伯之观海,如井蛙之窥天,皆无识者也;有恒则断无不成之事。此三者缺一不可。"

这是讲我们读书要有成就,第一条是有志向,这个志向不是要做大官发大财,志向是读书志在圣贤,为官心存君国。要发起这样的志向。立志之后,你绝对不愿意做下流之人,一定是要做君子,你有这样的追求,学业才会有长进。第二个是有识,识是见识,你有见识,你就知道学问是无尽的,不会傲慢,不会自以为是,越是有学问的人,越懂得谦虚。古人讲,活到老,学到老,人越无知,就越傲慢。第三条就是要有恒心。一个人没有恒心,成就不了事情,但是如果你有恒心,你能持之以恒就没有成不了的事情。你要有这三点,你的学问才会有成就。

曾国藩的资质并不高,我们前面曾经讲过他的故事,他读书的时候,读了很久,都没有背下来,结果他们家来了一个小偷,小偷听他这么读,都背了下来,而且背了之后扬长而去,但是那个小偷后来没有成就,曾国藩却成为了清朝的"中兴名臣"。最重要的就是因为他有志、有识、有恒,而且他一生都是勉励自己要有恒心,他一生做官带兵打仗,工作特别繁忙,但是他坚持写日记,写了很多日记,而且写了很多家书、信函,还写了很多文章，你看他现在留下来的文字有几千万字，这都是由于他有恒心，所以才有这些成就。

曾国藩是一个特别有恒心的人，但是还是觉得自己恒心不够，我们凡夫最大的一个毛病，就是没有恒心。在道光二十二年，曾国藩在日记中曾写道："余病根在无恒，今日立条，明日仍散漫，无常规可循，将来莅众必不能信，作事必不成，戒之！"他讲自己的毛病习气就是没有恒心，今天立了一个规矩，立了一个志向，第二天还是散漫，不能遵循常规，前面我们讲过曾国藩有一个日课十二条，就是他给自己立的规矩，要求自己这么做，一生都没有懈怠。其实他很有恒了，但是还是这么严格要求自己。而且他对自己讲，将来你如果没有恒心，你对众人必定不能讲诚信，说的话都是这样，你做事不能有成就，让自己努力做到有恒，就是劝诫自己一定不要做事散漫。

在咸丰七年十二月十四日，四十六岁的他写信给弟弟说："我平生坐犯无恒的弊病，实在受害不小。当翰林时，应留心诗文，则好涉猎他书，以纷其志；读性理书时，则杂以诗文各集，以歧其趋。在六部时，又不甚实力讲求公事。在外带兵，又不能竭力专治军事，或读书写字以乱其志意。坐是垂老而百无一成，即水军一事，亦掘井九仞而不及泉。弟当以为鉴戒。"这是曾国藩勇于直面自己的习气毛病，实际上他是一个很有恒心的人。但是他还是能看到自己的不足，和他弟弟讲，我一生最大的毛病就是没有恒心，受害也很大，做翰林学士的时候，应该努力学习诗文，结果就喜欢看其他的书，不能一门专心，不能专精，一个人

> **延伸阅读：**
> 翰林是皇帝的文学侍从官，翰林院从唐朝起开始设立，始为供职具有艺能人士的机构，但自唐玄宗后演变成了专门起草机密诏制的重要机构，院里任职的人称为翰林学士。明、清改从进士中选拔。

没有恒心，做事就不专精，就很难有成就。过去读的《四书》《五经》，这些圣贤的经典，也不能够专注，中间又去学各种诗文，古人的书分为经史子集，先要读经最后才读诗文。如果你不能够专精，那学业就难以有成就。这都是曾国藩反省自己，实际上他读书也是非常用心的，他教育他的子弟读书一定要专精。

下面讲他在外带兵，都是没有恒心不能专精。之前是他讲自己，劝他弟弟，希望弟弟要有恒心，让他弟弟引以为戒。曾国藩一生如此有恒心，还对自己如此的反省。我们现在可以说是毫无恒心，却不懂得反省，真的要好好地生起惭愧心。为什么古人能够成为圣贤，而我们一生都是凡夫？这么多毛病习气改不过来，就是我们没有恒心。

咸丰九年，四十八岁的他写信给儿子说："余生平坐无恒之弊，万事无成。德无成，业无成，亦可深耻矣。逮办理军事，自矢靡他，中间本志变化，尤无恒之大者，用为内耻。尔欲稍有成就，须从有恒二字下手。"曾国藩先生是谦虚，一生成就这么大的功业，道德学问事业很有成就，反而说自己德无成，业无成。我们没有任何成就，好像还很得意，和古人相差太大了。而且他教育他的儿子，你事业学业要有成就，一定要从有恒二字下手，没有恒心不可能有成就。曾国藩一生从生到死，都保持"如履薄冰，如临深渊，战战兢兢"的做人的风范、做事的态度，到了晚年他还是小心谨慎。

他对自己绝不姑息，他在同治八年（逝世前三年）八月二十日日记里讲："念平生所作事，错谬甚多，久居高位而德行学问一无可取，后世将讥议交加，愧悔无极。"他一生成就那么大的功业，到晚年还反省自己，一生有很多过失，自己处在高位，没有德行学问，真是谦虚到极点了。我们和他老人家相比，差得太远了，怎么能够有傲慢之心呢？曾国藩到了46岁以后，以前也是觉得自己恒心不够，46岁以后，一直改自己的习气毛病，他自己也曾经做过一个总结，他自己讲46岁以前做事无恒，近五年深以为诫，现在大小事就能胜任，46岁之前觉得自己做事都没有恒心。46岁以后自己做事，一定要改掉没有恒心的这个习气毛病。所以近代梁启超在盛赞曾国藩的"有恒"时说："曾文正在军中，每日必读书数页，填日记数条，习字一篇，围棋一局……终身以为常。自流俗人观之，岂不区区小节，无关大体乎？而不知制之有节，行之有恒，实为人生第一大事，善觇人者，每于此觇道力焉。"

　　就是曾国藩先生他在带兵打仗的时候，每天都要读书，每天写日记，而且要写字下围棋，一生都没有改变，包括写日记，我们过去自己可能都有写日记的经历，写着写着就忘记了，不能坚持，一般人可能觉得曾国藩做的都是小事，要知道这些小事，能够坚持一辈子，其实是人生第一大事，你看生活中的人，凡是能有成就的，都是有恒心的人。没有恒心不可能有成就。

不积跬步，无以至千里

　　"不积跬步，无以至千里。"这句话出自《荀子·劝学篇》。《荀子》里面有一段话，对我们读书人非常有价值，我们把这一段话学习一下：

"积土成山，风雨兴焉；积水成渊，蛟龙生焉；积善成德，而神明自得，圣心备焉。故不积跬步，无以至千里；不积小流，无以成江海。骐骥一跃，不能十步；驽马十驾，功在不舍。锲而舍之，朽木不折；锲而不舍，金石可镂。蚓无爪牙之利，筋骨之强，上食埃土，下饮黄泉，用心一也。蟹六跪而二螯（áo），非蛇鳝之穴无可寄托者，用心躁也。"

> **延伸阅读：**
>
> 荀子（约前313－前238），名况，战国末期赵国猗氏（今山西运城临猗县）人，时人尊而号为"卿"，西汉时因避汉宣帝刘询讳，因"荀"与"孙"二字古音相通，故又称孙卿。著名思想家、文学家、政治家，儒家代表人物之一，时人尊称"荀卿"。荀子对儒家思想有所发展，提倡性恶论，其学说常被后人拿来跟孟子的"性善说"比较，荀子对重新整理儒家典籍也有相当显著的贡献。

这是对我们学习的人非常重要的一段话，尤其是劝我们从小要有恒心：堆积土石成了高山，风雨就从这里兴起了；汇积水流成为深渊，蛟龙就从这儿产生了；积累善行养成高尚的品德，自然会心智澄明，也就具有了圣人的精神境界。所以不积累一步半步的行程，就没有办法达到千里之远；不积累细小的流水，就没有办法汇成江河大海。千里马一跨跃，也不足十步远；劣马拉车走十天，也能走得很远，它的成功就在于不停地走。如果刻几下就停下来了，那么腐朽的木头也刻不断。如果不停地刻下去，金石也能雕刻成功。蚯蚓没有锐利的爪子和牙齿，没有强健的筋骨，却能向上吃到泥土，向下可以喝到泉水，这是由于它用心专一啊。螃蟹有六条腿，两个蟹钳，但是如果没有蛇、鳝的洞穴它就无处存身，这是因为它用心浮躁啊，用心不一。你看螃蟹走路，这边一下那边一下，不能专一，完全是横着走，所以我们要想学习有成就，一定要懂得专一。懂得专一有恒，才会有成就。

我们讲几个故事。

在宋朝的时候，有个叫陈正之的人。他一生下来就患有一种先天智力发育不良症，记忆力很不好，看上去还有点傻头傻脑。陈正之进学堂读书后，老师教大家学一篇几百字的文章，其他同学很快便学会了，而他费了九牛二虎之力，才认识了几十个字。字识多了，他又常常张冠李戴，经常受到老师的训斥和同学的讥笑，甚至有人叫他"陈傻子"。小小的陈正之，从早到晚生活在一种沉重的压力下，心里很难过。但他不灰心，更不自暴自弃，想出了"以勤补拙"的好办法。学习课文时，别人读一遍，他就读3遍、4遍，甚至读8遍、10遍；别人用一个时辰读书，他就用上几个时辰埋头苦读。有一年，他跟老师读《诗经》，老师讲完课，他就一段一段地弄懂读熟。每学完一章，他又把整篇文章串起来读。白天读，夜晚读，一直读到背熟为止。到了年终，《诗经》学完了，陈正之竟能全部背下来。从此以后，老师和同学都对他刮目相看。日复一日，年复一年，陈正之坚持不懈地努力，不仅博览群书，还养成了锲而不舍的好习惯，学问与日俱增。有志者，事竟成。陈正之终于成为我国宋朝一位著名的博学之士，人们都尊称他为"陈学者"。这就是由于他能够有恒心。

明朝时候有个大画家，名叫王冕，最擅长画荷花，许多人为了要得到他的荷花画，都不辞辛苦，从老远的地方赶来。王冕虽然很有名，但是小时候却很贫困，白天只好替人放牛。但是他对画画很有兴趣，每天晚上他都在灯下认真学习。有一天，王冕在湖边放牛时，忽然下起一阵雨，一会儿雨停了，但是湖里的荷花和荷叶却被雨水冲洗得非常干净。王冕看了那美丽的景色，激动万分，便想把它画下来。于是赶紧用身上的一点零用钱买了纸和笔来开始作画。起初当然画得不怎么好，可是王冕并不气馁，仍然不停地画，最后终于越画越像，就跟真的一样。

王冕因为荷花画得很好，许多人争着要买，他的境况便因此渐渐好转，不再替人放牛了。同时他的名声也渐渐远播，他最终成为一个全国有名的大画家。你看他最后有成就，就是因为有恒心，如果一个人没有恒心，他很难成就事业。

我们再举一个反面的例子。据史书记载，楚霸王项羽年少时对待学习用心不一，学书识字不多久就没兴趣了，想去学剑术，练剑时间不长又腻了，又欲学兵法。其叔父项梁对此大为光火，然而项羽却是"壮志凌云"，回答起来振振有词："学书识字，能认会写自己的名字就足够了；剑术学得再精，也不过是学了'一人敌'的本事，微不足道；要学就学'万人敌'的本领。"

这番话打动了项梁，于是便又开始向他传授起兵法。起初，项羽还学得挺有兴致，孰料时间一长，又故态复萌，依然浅尝辄止，结果没有一样能够坚持到底。项羽少年时代养成的这种坏毛病给他日后的"霸王事业"埋下了深深的隐患。他在楚汉战争中最终败北，其中很大原因就是其性情浮躁、缺乏恒心。

因此，没有恒心，一个人就不可能成就事业。要想成就一番事业，不是说一天两天，甚至不是一年两年，那是一辈子的事情。比如说在世界上有很多经典名著，都是作者花了几十年甚

> **延伸阅读：**
>
> 王冕，字元章，号煮石山农，浙江诸暨人。出身农家，幼年丧父，在秦家放牛，每天利用放牛的时间画荷花，晚上到寺院长明灯下读书，学识深邃，能诗，青团墨梅。隐居九里山，以卖画为生。画梅以胭脂作梅花骨体，或花密枝繁，别具风格，亦善写竹石。兼能刻印，用花乳石作印材，相传是他始创。著有《竹斋集》、《墨梅图题诗》等。

> **延伸阅读：**
>
> 项羽（前232－前202），名籍，字羽，秦末下相（今江苏宿迁）人，他是中国军事思想"兵形势"代表人物（兵家四势：兵形势、兵权谋、兵阴阳、兵技巧），是与孙武、韩信等人齐名的顶级名将之一。公元前209年他与叔父项梁在吴中（今江苏苏州）起义。项梁阵亡后，他率军渡河救赵王歇，巨鹿之战摧毁章邯的秦军主力。后与刘邦争夺天下，进行了四年的楚汉之战，公元前202年兵败垓下，突围至乌江边自刎。

至是一辈子的时间才完成的，如马克思写《资本论》花了40年；达尔文写《物种起源》花了20年；哥白尼写《天体运行论》花了36年；摩尔根写《古代社会》花了40年；歌德写《浮士德》花了60年；托尔斯泰写《战争与和平》花了37年；司马迁写《史记》花了15年；左思写《三都赋》花了10年；李时珍写《本草纲目》花了27年；曹雪芹写《红楼梦》花了10年；徐霞客写《徐霞客游记》花了34年。

古代有很多人他完全是用一生的精力做一件事情，所以才能够有成就。

天道忌贰，一门深入方能成就

"天道忌贰"。贰就是有二心，用心不专，不忠诚，无恒心。古人常讲，人无二志，心无二用。一个人不要有两种志向，一定要把心志、把精神精力聚集在一处，古人讲："制心一处，无事不办。"你看这个灯光，如果是散的，一张白纸它都透不过，如果把它集中在一点，两个钢板都能穿过，这就是讲我们要集中心志，集中精神、精力，持之以恒做一件事情，你才能有成就。

国学大师南怀瑾讲道：我小时喜欢作诗，父亲就给我一本书，要我背里面的诗。我一读很欢喜，父亲说，这是附近一间庙子的和尚作的。那位师父是打渔出身，一个大字不识。他不知什么因缘，忽然出家了，经也不会读，就整天拜佛。那庙子地面是石块铺的，他拜了九年，石块都拜出印坑来了。后来他又忽然不拜佛，去睡觉了，一睡睡了三年，中间有时连睡几个月动都不动的。他师弟在他屁股上放碗水，第二天再看都没翻掉，还以为他死了，好在他师父知道他是入定去了。三年以后，他就会作文章作诗。

这是讲的他亲身经历的一个事情，就是你真正用心专一、心系一处，什么事都能办成。譬如挖井，第一天挖五尺深，挑出来二十担泥，第二天又挖了五尺，可是只挑出来十五担泥，因为深了比较难把泥挑出来。你挖到十丈深的时候，可能一天只挑一担泥上来。一口井挖到见了水，就成功了。

一门深入就是要你专一挖下去，一口气挖到底。不要挖了一两天，觉得好像没有效果不见水，就放弃了，又找一个地方去挖，这样不会成功。所以我们要一门深入，这是读书的一个原则。

我们大家都知道达·芬奇画鸡蛋的事情，达芬奇十四岁那年，到佛罗伦斯拜著名艺术家弗罗基俄为师。弗罗基俄是位很严格的老师，他给达·芬奇上的第一堂课就是画鸡蛋。开始，达·芬奇画得很有兴致，可是以后第二课、第三课……老师还是让他画鸡蛋，这使达·芬奇想不通了，小小的鸡蛋，有什么好画的？有一次，达·芬奇问老师："为什么老是让我画鸡蛋？"老师告诉他："鸡蛋，虽然普通，但天下没有绝对一样的，即使是同一个鸡蛋，角度不同，投来的光线不同，画出来也不一样，因此，画鸡蛋是基本功。基本功要练到画笔能圆熟地听从大脑的指挥，得心应手，才算功夫到家。"

达·芬奇听了老师的话，很受启发。他每天拿着鸡蛋，<u>一丝</u>

不苟地照着画。一年、二年、三年……达·芬奇画鸡蛋用的草纸，已经堆得很高了。他的艺术水平很快超过了老师，终于成为伟大的艺术家。达·芬奇在学画时，曾随老师到希莫尼湖写生，为一间教堂绘画一幅名叫《基督的洗礼》的油画。到了希莫尼湖，老师突然病倒了，没有办法，只好让达·芬奇代为完成油画剩下的部分。当油画全部完成后，教堂的人看到这幅画，不禁赞叹说："好极了！这幅画画得实在太好了，尤其是这一部分。"教堂的人用手指指着画的左下角，而这一部分，正是达·芬奇代画的。实际上等于他是超过了老师，根源就是他听老师的话，把基础打得好。

我们讲一个最简单的道理，就好比你烧开水，如果你烧一壶开水，如果烧一把火停了，过一会再烧一把火又停了，那你这个开水烧一万个小时也烧不开，如果你一直坚持连续不断地烧，一个小时就烧开了，所以做事持之以恒，就是这个道理。

根据《华盛顿邮报》报道：德克萨斯州有一位双腿残疾的年轻黑人男孩戴维·汉姆生，17岁那年立志要当一名音乐家，他以每天10小时的时间苦练了1年钢琴，终于使音乐专家也为他高超的钢琴演奏艺术叹服。然而不幸的是，由于练习钢琴过猛而得了难以治愈的腱鞘炎。于是他又以每天10个多小时的时间攻读法语，只用了2年时间就学完了法语专业的全部课本，最后以法语第1名的成绩考入了康奈尔大学法语系，插班2年级。不久他又攻读考古学，只用了半年时间就学完了大学考古专业4年学完的课程，并一举夺魁考了个考古研究生第1名，师从著名考古学家怀特·邦德教授。

这个人并不是特别有天赋，为什么他只用半年时间就学完大学考古专业四年的课程？其实他所用的时间，相比一般考古专业的学生学四年的时间并不少，而是他把学习的时间，集中在一处。

按常规的学习方法，上一堂化学课后，又上其他课，期间由于化学课的停顿和其他课对化学知识记忆的影响，上第二堂化学课时还必须拿出一定的时间来复习，以此类推……学得越多，复习量就越大。而持续不断地学习的本身就包含着对学过的知识的不断使用，所以就可以省去复习所浪费的时间。又由于进攻的态势本身就是一种优势，所以还会产生质量优势。马太效应在这里的表现是：越是在很短时间里精通了这门学科，就越容易灵活运用。

你能够专精，就能够省掉很多浪费的时间，尤其是现在这种分散的学习，你要用很多时间去复习，不如你把时间集中起来，专门去研究，最后能够有成就。其实这个方法就是中国古人讲的，一门深入，长时熏修。尤其是学习圣贤的学问。古人都是一门深入，你看中国"四书五经"、"十三经"这么多经典，古人也不是每一部都学，专门学一门。在汉朝有博士，这个博士和现在的博士不一样，那个时候博士是学六经，专门学习《易经》的叫《易经》博士，学习《春秋》的叫《春秋》博士，他就是一门深入，一辈子就学这一门，真正在这一门上有成就。

如果我们现在学习真正专精一门，你用了十年的时候，那你在这一门就是世界顶级、世界一流的专家，没有人能超过，这样你的学习就真正有成就了。

经典链接：梁启超《论毅力》

我们最后再来看一篇古文。梁启超的《论毅力》，告诉我们做任何事都要有恒心有毅力。我们来把这一篇文章学习一下。

"天下古今成败之林，若是其莽然不一途也。要其何以成，何以败？曰：有毅力者成，反是者败。"

> **延伸阅读：**
> 梁启超（1873—1929），字卓如，一字任甫，号任公，又号饮冰室主人、饮冰子、哀时客、中国之新民、自由斋主人等，广东新会人，清光绪举人。他和其师康有为一起，倡导变法维新，并称"康梁"。是戊戌变法（百日维新）领袖之一，中国近代维新派代表人物，曾倡导文体改良的"诗界革命"和"小说界革命"。其著作合编为《饮冰室合集》。

从古到今，天下古今人成就事业，经验教训很多，有各种各样的情况，但是要研究一个人，为什么有的人成功有的人失败，最后的结论是什么呢？就是有毅力的人会成功，能够持之以恒的人会成功，相反的这个人就会失败。

"盖人生历程，大抵逆境居十六七，顺境亦居十三四，而顺逆两境又常相间以迭乘。无论事之大小，必有数次乃至十数次之阻力，其阻力虽或大或小，而要之必无可逃避者也。"

我们一辈子遇到的事情，真正的是逆境的事多，顺境少，逆境要占到60%~70%，顺境不过是30%~40%，而且顺境逆境都是相互交替出现的，如果遇到逆境，你能够有恒心有毅力，过了之后你就会有顺境，所以不管事情的大小，一定会遇到多次的阻力，做任何事，没有一帆风顺的，这个阻力有大有小，但是不能够避免。

"其在志力薄弱之士，始固曰吾欲云云，其意以为天下事固易易也，及骤尝焉而阻力猝来，颓然丧矣；其次弱者，乘一时之意气，透过此第一关，遇再挫而退；稍强者，遇三四挫而退；更稍强者，遇五六挫而退；其事愈大者，其遇挫愈多；其不退也愈难，非至强之人，未有能善于其终者也。"

这是讲一些意志薄弱的人，开始做一个事，就想着如何如何，以为天下事都很容易的，等到真正做的时候，遇到障碍了，马上就没有心情了，意志比较薄弱的人，凭一时的意气过了第一关，等到第二关，遇到第二次挫折他就退缩了。意志稍微强些的人，遇到三四次挫折，才退缩，更强的人，遇到五六次才退缩，你做的事情越大，遇到的挫折越多，你要想不退缩，就越难，如果不是意志特别坚强的，就不能达到终点，真正能够善始善终不容易。所以古人讲万事都有一个开头，但是未必有一个好的结果。比如说我们做事，很多人都是半途而废。尤其是求学，学习不是一天两天是一辈子的事情，如果没有恒心，怎么会有成就？你看在生活当中有的人在小学的时候成绩很好，到中学成绩不好；有的人中学成绩很好，高中又不行；有的人高中成绩很好，到大学又不好了，这就是没有恒心。你要持之以恒，人生才会有成就。

"夫苟其挫而不退矣，则小逆之后，必有小顺。大逆之后，必有大顺。盘根错节之既经，而随有应刃而解之一日。旁观者徒艳羡其功之成，以为是殆幸运儿，而天有以宠彼也，又以为我蹇于遭逢，故所就不彼若也。庸讵知所谓蹇焉、幸焉者，皆彼与我之相同，而其能征服此蹇焉，利用此幸焉与否，即彼成我败所由判也。更譬诸操舟，如以兼旬之期，行千里之地者，其间风潮之或顺或逆，常相参伍。彼以坚苦忍耐之力，冒其逆而突过之，而后得从容以进度其顺。我则或一日而返焉，或二三日而返焉，或五六日而返焉，故彼岸终不可达也。"

如果遇到挫折而不退缩，那么小的逆境之后，必定有小的顺境；大的逆境之后，必定会有大的顺境。经过了盘根错节的复杂情况以后，而后才会有迎刃而解的一天。旁观者只是非常羡慕别人的成功，认为这个人大概是个幸运儿，而老天总是因为某种缘故宠爱他；又认为我遭遇不顺利，所以成就也比不上他。这种人哪里知道所谓的"不顺"啊、"幸运"啊，对于他和我都是相同的，而是否能征服这些"不顺"，同时又利用这些"幸运"，正是他成我败的区别所在。再用驾船来做个比方，如果用二十天的时间，来走一千里的路程，这期间风向潮流有时顺有时逆，常常交互错杂。他凭着艰苦忍耐的力量，迎着那逆风逆流冲了过去，然后能从容地前进，去渡过顺风顺水的一段。但是我或者一天就退回来了，或者两三天就回来了，或者五六天就回来了，所以就始终不可能到达彼岸。所以你有退心，就不能达到彼岸，一定要懂得持之以恒。

又讲："所以孔子曰：'譬如为山，未成一篑，止，吾止也；譬如平地，虽复一篑，进，吾往也。'孟子曰：'有为者，譬若掘井，掘井九仞，而不及泉，犹为弃井也。'成败之数，视此而已。"

孔子说："比如造山，还差一筐土，如果停止下来，那是我自己停止的；又比如填平土地，即使只倒了一筐土，如果继续去填，那是我自己去填的。"孟子说："做事的人，比如挖井，挖了七、八丈深，还没有挖到井水，还是废井。"成败的规律，在此而已。就好比我们做一个事情，我们一开始做得很好，中间也做得很好，遇到困难就停下来，就等于这个事白做，所以做任何事都要有恒心，这个事能够成功还是失败，关键在这里。关键看你有没有恒心。

激励一生的恒心格言

最后我们再来看几条格言。

第一条是苏轼讲的："**古之立大事者，不惟有超世之才，亦必有坚忍不拔之志。**"能够成就大事的人，不仅是要有才华，最重要的是有坚韧不拔的志向，有恒心有毅力，如果没有恒心没有毅力，即使有才华，也未必有成就。世间有才华的人很多，但是人生能够取得成就的人很少，区别就在于能够取得成就的人，他有恒心有毅力。能够持之以恒，能够一门深入。

> **延伸阅读：**
>
> 苏轼（1037—1101），字子瞻，和仲，号"东坡居士"，世称"苏东坡"。眉州眉山（今四川眉山）人。北宋诗人、词人，文学家，是豪放派词人的主要代表之一，"唐宋八大家"之一。其文汪洋恣肆，明白畅达；其诗题材广泛，内容丰富。代表作品有《水调歌头》、《赤壁赋》、《江城子·乙卯正月二十日夜记梦》、《记承天寺夜游》等。

第二条是荀况讲的："**锲而舍之，朽木不折；锲而不舍，金石可镂。**"就是讲如果你用刀子刻木头，刻一下你就把它丢掉了，即便是朽木你也不能刻上东西，也不能把它刻断。如果你能够锲而不舍，一直努力金石也可以在上面刻上东西。这是讲有恒心跟没有恒心完全不一样。

第三条是谚语："**只要功夫深，铁杵磨成针。**"这是教我们，只要持之以恒地努力，铁杵也能磨成针。

第四条，"**日日行，不怕千万里；常常做，不怕千万事。**"这是金樱《格言联璧》里的话，意思是，你只要每天行，不管多远的路，你也能走到尽头，每天去做，事情再多，也有做完的时候。

最后一条是陶渊明的一句话："**勤学如春起之苗，不见其增，日有所长；辍学如磨刀之石，不见其损，日有所亏。**"

学习，只要我们每天学，就会有进步，如同春天的麦苗，没有看见它的增长，但是确实每天都在长进，你看不到的自己的道德学问就在增长。如果你停下来不学了，就好比磨刀的石头，没看见它在亏损，但是实际上每天都在亏损，我们学问德行每天都要学，如果你不学了，一日不读圣贤书，古人讲，"面目可憎"，现在你不能体会得到，真正的天天学习你才会有那个体会，我们从来都不学，你就体会不到。

这是我们讲的恒心，做任何事有恒心才会有成就，但是这个恒心一定建立在志向的前提下，你要树立一个远大的志向，符合正道的志向，你这个恒心才能够用在正道，否则你就叫钻牛角尖，一条道走到黑，这个路走错了，再用心，那就是等于越走越偏。一定要走正道，要读圣贤书籍，明白圣贤之道，你的人生路才不会走弯，走上这条道之后，你就要持之以恒，才会有成就，不能够半途而废。

第九章
诚敬是千古为学之本

诚敬是开启学习之门的钥匙

我们今天一起来谈谈诚敬心对学习的重要性。民国年间有一位高僧叫印光大师。他老人家讲，"一分诚敬得一分利益，十分诚敬得十分利益。"我们在学校读书，同样是老师教，为什么不同的人学习成绩不一样，这就是由于我们每个人学习的诚敬心不同，有的人对老师真正有恭敬心，对这一门学问，有真诚恭敬的心，所以他学得好，如果没有恭敬心，瞧不起老师，甚至把学问不放在心上，那你学习收获就少。所以印光大师讲道："入道多门，唯人志趣，了无一定之法。其一定者，曰诚，曰恭敬。"

你要学习圣贤学问，学习圣贤之道，甚至包括你在人世间要取得世间的成就，有各种各样。看你志向在哪里。行行都能够成就精英，古人讲三百六十行，行行出状元，没有一定的。关键是你有没有诚敬心，不管你学什么，在任何一个行业，学任何一门学问，都要有真诚恭敬之心。

孔老夫子在《易经》里面讲，"君子进德修业，忠信所以进德也。"夫子讲，忠信是我们为人之本，为学之本，忠的意思是诚，信的意思就是敬，你用忠心，你用恭敬的心，你学习学问才能有成就，而且在这个世间任何一个有学问的大德长者，要把学问传下来，他选择接班人、传法的人都有标准。什么标准呢？就是诚敬，比如一个学校的老师，尤其是教过几十年学的老师，接触的学生多，接触学生多了，他也就会看，看你有几分诚敬心，你真正对老师有真诚恭敬心,他才会把真实的学问传给你。而且对老师的诚敬还有一个基础,就是你对父母有孝道,如果你没有真诚心,老师给你讲,你也接受不到,因为这个学问不仅仅是知识,真实的学问就是智慧,是心灵的交流。如果你没有真诚心,老师讲的和你的体会就不一样,老师讲得很深,你体会得很浅,理解就会出现偏差。

所以中国的传统文化,尤其是做学问,特别强调诚敬,即使你在世间学一门手艺,都是你跟着师傅学,对师傅要有真诚恭敬心,这是入道之门、入德之门,这是我们开启人生成就的一把钥匙。我们真正要想在学问上有成就,就不能缺乏诚敬心,还有一个前提是你要懂得孝亲,懂得尊师。一个人真正懂得孝亲尊师,他才会有真正的诚敬心。所以你看过去,在学问上有成就的人,都是孝子,都是尊重老师的。在《弟子规》里面,开篇告诉我们,"父母教,须敬听",实际上一个人不仅是"父母教,须敬听",因为我们从小在家里长大之后,要到学校,从学校毕业,还要到社会,从学校的老师到单位的领导,这些人的教诲我们都要听,尤其是读书的时候,学习的态度往往决定我们学习的成绩。你比如说对老师的教诲,你能够真诚恭敬,绝对不是阳奉阴违。那你学问就有成就,老师吩咐的事情、交待的作业,你能完全依照老师的要求去做,这叫依教奉行,你才能真正学到东西。有的时候老师教我们做的,我们可能还不太理解。我们打一个比喻,这个老师的学问好比是二十层楼,老师可能在十几层楼,我们只有在两、三层楼。十几层楼所能看到的景物,我们能不能看到?看不到。老师指的都是比较长远的目标,你说:"老师,我什么都看不到,我什么都感受不到,为什么要这样做?"这个时候我们不老老实实地依教奉行，那就得不到利益了，跟着老师去做，你做了之后，境界提升，你就会体会到老师讲的话，真实不虚。走入社会以后，你的领导讲的话，你也要听。一个人学问事业能不能有成就，都要从这个恭敬心、谦卑心中去求，所以从小养成恭敬谦卑的心，你在学业上、事业上才会有成就，真诚、谦卑、恭敬的心，你培养自己这样的一种精神，你能够得到莫大的利益。

真诚恭敬，方能得道

佛经上曾经给我们讲了这样一个故事。

有个老比丘修行很多年，没有得道，心里面很懊恼，也很有惭愧心。有几个年轻的、刚刚出家的比丘，去跟他开玩笑、戏弄他，跟他说："你不是想要证果吗？"老比丘说："是！是想证，不知道怎么证法？"小比丘就说："我会，我教给你，但是你要请我们吃好东西，请客。"这个老比丘把他的一点衣服卖掉，然后请小比丘吃饭。吃饱了，这个老比丘求他："怎么证果？"小比丘也没有法子证果，但是已经答应了，就捉弄老比丘，叫他蹲在房屋的角落里。小比丘说："你蹲在那里，你心里头不要胡思乱想，你听我的话。"这个小比丘拿个皮球在他头上打了一下，说："你证初果了。"这个老比丘点点头："是的。""再换到那边去。"他又乖乖跑到那边去了，这个皮球又打一下，"你证二果了。"四个角转回来，"你证四果罗汉了!""是。"这个老比丘回过头来之后,向几个开玩笑的小比丘顶礼。小比丘说:"我跟你开玩笑的。"他说:"我真证四果了。"那几个小比丘都傻了,来向他求忏悔。他说:"我是实在证四果了。"这就说明他心诚!虽然人家跟他开玩笑,他一样证果,他有十分诚敬之心,他得到了。可见最重要的是我们要有真诚心。

我们再讲一个故事。赵阅道是北宗一位修道有成就的读书人,时称"铁面御使"。("御使"是专门检察内外官员操行政德的官员,相当于现在纪检、监察、检察部门的官员。)传记上说他"为人长厚,存养功深",就是为人很宽厚,内在修养的功夫很深。

> **延伸阅读:**
> 赵阅道,宋朝文学家,自号知非子。衢州西安(今浙江衢县)人。其诗以五言近体为优,如《暖风》、《芳草》等诗,清新明快。著有《清献集》传世。

每天晚上,他穿好衣服戴好帽子,恭恭敬敬地焚香告天,把自己一天所做的事汇报天帝。他说:"白天做的事,夜晚必定焚香告天,不敢说的,以后就不做。"

赵阅道四十多岁时,开始在佛法上参究用心,政事之余,常常喜欢打坐。有一天打坐时,忽闻一声霹雳,大彻大悟,当时说偈:"默坐公堂虚隐几,心源不动湛如水,一声霹雳顶门开,唤起从前自家底。"临终时,他自在地和后人告别,神志不乱,安详坐化。去世以后,赐谥号为"清献",所以也称他"赵清献公"。他在历史上一直受到人们的传颂,就是因为有真诚恭敬的心。

我们再讲一个故事,这也是讲一个人真诚恭敬最后取得成就的故事。

过去有一个傻子,非常老实厚道,从不怀疑人,人家看他有点傻,常常会捉弄他、骗他,但是他甘愿吃亏,绝不把人看成坏人。有一天，他听说学道能够成仙，他很想去学道，到处去询问，哪里能够学道成仙。结果遇到一个财主，这个财主心狠手辣，看到傻子这么笨，就想要去捉弄他，占他的便宜。所以就跟老实人说："我有成仙之法，但是你要学，有条件，必须在我家里做三年苦工，表现良好，我才能够传授成仙之法。"这个老实人听了之后，很高兴，就拜师，按照约定，给这个财主打工三年，吃了不少苦，但是任劳任怨。三年期满了，这个老实人就跟财主说："师父，三年已经到了，可不可以请您现在传授我成仙之法？"这财主暗自心里偷笑，这真是傻瓜蛋，好吧，我就成全你！于是就带着这个老实人来到了后山没有人烟的地方，看到有一个悬崖上面长了一棵松树。财主跟这个老实人讲，你现在就爬上树，我教你，你听我喊一二三，你就往外跳，你就能成仙了。这老实人完全不怀疑，于是就爬上了树，财主就喊一二三，结果这个老实人真的就往下跳。那悬崖很高，这一跳，奇迹还真发生了！他真的腾空而起，成仙去了。这把财主看傻眼了。他想，难道我这是歪打正着？这棵树莫非真的是一棵帮他成仙的树吗？我要试一试。所以他也爬上树，自己喊一二三，就往外跳，结果就跃入了万丈深渊，摔死了。

　　这两个人，两个境界，两个后果。在这个老实人心目中，没有坏人，全是好人。道家讲的"成仙要修三千善事"，为什么要修三千善事？就是要让我们念头转成纯善，纯善者的心里，事事是好事，人人是好人，这叫纯善。心不是纯善，不能成仙。这个老实人心地纯善，他能成仙，境由心转，他已经是仙人的心了，产生的就是仙境，在他心目中，财主也是他的一个良师，真的一点怀疑都没有，心里绝对没有对立、不平。财主心里面有恶念，他欺负人、捉弄人、害人，这一个念头变现的境界，就让他摔死了，这就叫自作自受。

对老师一定要有恭敬之心

我们做人，对父母对老师一定要有恭敬之心，对父母的恭敬心，我们前面在讲孝道的时候，讲了很多，对父母的孝最重要的是敬，否则对父母的奉养，和养狗和马没有区别。你看现在人养狗养马，我们奉养父母，如果只是给父母饮食的供养，不懂得敬重，那和养畜生有什么区别？所以对父母，要有恭敬之心，你到学校对老师自然会有恭敬之心，一个人对老师不恭敬，那他学问不可能有成就。

在道家的《太上感应篇》里面，其中有一句，叫作"慢其先生，叛其所事。""先生"就是我们现在讲的老师。我们身命得自于父母，我们的慧命得自于老师。如果对老师不恭敬，那你在人生当中不会有成就。

古人讲尊师重道，对老师恭敬，你对学问之道，才会恭敬，你才会真正的有好学之心。不是说老师需要你的恭敬，你有这个恭敬心，老师才能教，否则老师教你你学不进去，学不进去，老师教你也是白教，所以历代这些圣贤人都懂得尊敬老师。

孔老夫子是圣人，但是公元前521年春，孔子得知他的学生宫敬叔奉鲁国国君之命，要前往周朝京都洛阳去朝拜天子，觉得这是个向周朝守藏史老子请教"礼制"学识的好机会。于是征得鲁昭公的同意后，与宫敬叔同行。到达京都的第二天，孔子便徒步前往守藏史府去拜望老子。老子听说誉满天下的孔丘前来求教，赶忙整顿衣冠出迎。孔子见大门里出来一位年逾古稀、精神矍铄的老人，料想便是老子，急趋向前，恭恭敬敬地向老子行了弟子礼。进入大厅后，孔子再拜后才坐下来。老子问孔子为何事而来，孔子离座回答："我学识浅薄，对古代的'礼制'一无所知，特地向老师请教。"老子见孔子这样诚恳，便详细地阐发了自己的见解。

> **延伸阅读：**
>
> 老子，即李耳，字聃，一字或曰谥伯阳。楚国苦县厉乡曲仁里人，约生活于前571年至前471年之间，是我国古代伟大的哲学家和思想家，道家学派创始人。老子乃世界文化名人，世界百位历史名人之一，存世有《道德经》（又称《老子》）。《道德经》的精华是朴素的辩证法，主张无为而治,其学说对中国哲学发展具有深刻影响。

回到鲁国后，孔子的学生们请求他讲解老子的学识。孔子说："老子博古通今，通礼乐之源，明道德之归，确实是我的好老师。"同时还打比方赞扬老子，他说："鸟儿，我知道它能飞；鱼儿，我知道它能游；野兽，我知道它能跑。善跑的野兽我可以结网来逮住它，会游的鱼儿我可以用丝条缚上鱼钩来钓到它，高飞的鸟儿我可以用弓箭把它射下来。至于龙，我却不能知道它是如何乘风云而上天的。老子，其犹龙邪！"

这是讲到孔老夫子是圣人，但是还要向人学习，还同样尊师重道。

我们再讲一个"曾子避席"的故事，"曾子避席"出自《孝经》。曾子是孔子的弟子，有一次他在孔子身边侍坐，孔子就问他："以前的圣贤之王有至高无上的德行，精要奥妙的理论，用来教导天下之人，人们就能和睦相处，君王和臣下之间也没有怨恨，你知道是什么吗？"曾子听了，明白老师孔子是要指点他最深刻的道理，于是立刻从坐着的席子上站起来，走到席子外面，恭恭敬敬地回答道："我不够聪敏，哪里能知道，还请老师把这些道理教给我。""避席"是一种非常恭敬的行为，当曾子听到老师要向他传授时，他站起身来，走到席子外向老师请教，是为了表示他对老师的尊重。

真正对老师有这种尊重恭敬之心，老师才会传学问给你。

我们再讲一个"张良拜师"的故事。张良年轻时，曾计划要刺杀暴君秦始皇，失败后，为躲避官府通缉，潜藏在下邳。有一天，张良闲游到一座桥上，遇见一位穿褐衣的老翁。那老翁见张良走近，便故意将鞋坠落桥下，让张良下桥去捡。张良很不高兴。等张良把鞋捡上来交给老翁时，老翁又让他帮着把鞋穿上。于是，张良跪着帮老翁穿上了鞋。老翁没客气，笑眯眯地离开了。临走时留下了一句话："孺子可教矣！五天后黎明时分在这里等我。"张良按老翁的指示，五天后天刚亮，他就来到桥上，不料老翁早待在那里，见了张良便怒斥道："跟老人约会迟到，岂有此理。过五天再早些来见我。"说完就离去了。又过五天后，鸡刚打鸣，张良便匆匆地赶到了桥上，可是不知怎么的，他还是比老翁来得晚。老翁这回更不高兴了，只是重复了一遍上回说的，就拂袖而去了。这下张良可有点急了，又过了五天，他索性觉也不睡了，在午夜之前便来到桥上等着。一会儿老翁来了，见着他便点头称是。老翁从袖中拿出一本书，很神秘地说："你读了这本王者之书，就可以做帝王的先生了。十年之后，兵事将起。再过十三年，你到济北，可以与我重逢，谷城山下的那块黄石，便是我的化身。"说完飘然而去。天一亮，张良打开书一看，原来是太公

> **延伸阅读：**
>
> 张良（约前250—前186），字子房，颍川城父（今河南省宝丰县李庄乡古城村）人。张良是秦末汉初的谋士、大臣，著名军事家、政治家，与韩信、萧何并列为"汉初三杰"。

望兵法书。张良特别高兴,后来张良认真研读黄石老翁授给的那部兵书,真的当上了汉高祖刘邦的高级参谋。

从曾子、张良的故事中,我们可以明白一个道理,就是一个人,一定要有十足的诚敬心,才能够学有所成。

我们再讲一个林纾敬师的故事。

闽县(今福建福州市)人林纾(字琴南,当时是孝廉,明清时对举人的称呼)六七岁的时候,跟随老师读书。老师非常贫困,做饭没有米。林纾知道后,急忙回家,用袜子装米,装满了,背着送给老师。老师生气了,说这是他偷来的,推辞不接受。林纾回来后告诉了母亲,母亲笑着说:"你这份心意固然是好的,但是这样的方式(袜子装米)难道是学生赠送老师礼物的礼节吗?"随即让人准备,林纾携带着一石米送到私塾,老师于是接受了。

这是讲了几个古人尊敬老师的故事。你真正对老师恭敬,老师就不会嫌弃你,真正有恭敬心,老师会真诚教你,没有不要学生的老师,只有不要老师的学生。任何一个真正有道德学问的老师,他都希望把学问传下去。最重要的是能有一个继承这种学问的人,继承这种学问最根本的条件,就是要对老师真诚恭敬,你有真诚恭敬之心,你才能继承老师的学问,才能真正把这个学问发扬光大。

恭敬经典、书籍，受益无穷

我们不仅要对老师恭敬，对经典也要有恭敬之心。过去印光法师曾经开示：

"世欲读书，绝无敬畏。晨起则不加盥漱，登厕则不行洗濯。或置座榻，或作枕头。夜卧而观，则与亵衣同聚；对案而读，则与杂物乱堆。视圣贤之语言，同破坏之故纸，漫不介意，毫无敬容。甚至书香家之妇女，花册皆是经传；世禄家之仆隶，揩物悉用文章。种种亵黩，难以枚举；积弊已久，习矣不察。若不特示祸福，决定难免亵黩，未曾得益，先获大罪。闵斯无知，须预指陈。"

这段话的意思是：世间人读书，往往没有敬畏之心，早上起来也不洗脸漱口，上了厕所也不懂得洗手。然后拿起书就读。或者随意地把书放在床上，或者是把书当作枕头，或者是晚上的时候，躺在床上看书，这就是对经典不尊敬。把经典和一些衣服放在一起，把书跟杂物乱堆在一起，这就有很大的过失，尤其是对圣贤的经典，要知道圣贤经典所在之处，就好比圣贤所在之处，我们要有十足的恭敬之心。不能把它当作一般读物，当作废纸，毫无恭敬之心，那样学习就不得受用。甚至讲到那些妇女，把典籍用来做各种东西，那些家里的仆人拿写着经典的纸用来揩拭物品，这就是对经典的亵渎。这种种情况，难以枚举，包括我们现在人也是如此，把书撕掉，拿来在生活当中用，擦东西。这就是对经典的不恭敬。这个积弊很久了，如果不讲明其中的祸福道理，现在人很难停止这种亵渎的心，如此不仅不能受益，而且犯下大罪。所以真正的读书人，对经典一定要有恭敬之心。

我们先讲一个故事。根据《法苑珠林》记载：隋朝时，扬州有一位和尚，常诵《涅槃经》，同时在岐山有一位沙弥，常诵《观音经》。有一天两人突然同时做梦，神识来到冥府，冥王迎请沙弥上金座，非常恭敬相待；迎请和尚上银座，待他却比较简略疏忽。和尚心中非常惭愧。不久两人都清醒过来。和尚就到岐山拜访沙弥，询问原由，沙弥说："我每次诵经时，必定穿着洁净衣服，点燃好香，恭敬诵读。"和尚说："我罪过太深了，诵经时常威仪不整，身口不净，太不恭敬了！惭愧！惭愧！……"所以你看同样是读经典，用真诚恭敬的心读，读的受益就大。

我再讲一个故事。颖上有一位读书人高天佑，和两位同学到江宁去应考，考完试后，听说鸡鸣山守源禅师道行高深，于是一同前往拜访叩问，禅师说："你们两位都当考中，但是高君，不能中试，因为误用了《楞严经》作枕头……"高君仔细想想，原来行李小箱内有《楞严经》，睡觉时，用箱子当作枕头，未将经书请出。到了放榜时，果然应验。足证印光法师所说"恭敬获福，不敬获罪"的道理。

我们讲了两个关于佛家的故事，再讲一个儒家的故事。

萧德言，唐朝人，字文行，精通史学名著《左氏春秋》，学养高深，唐高祖时，为银青光禄大夫，唐太宗贞观年间，官任著作郎、弘文馆学士。

当萧德言担任弘文馆学士时，每当开经阅读或讲授时，必先沐浴清净，衣冠整洁，焚香端坐，年纪愈大，越勤勉，越恭敬。其妻劝谏他说："老人家，年纪大了，何必这样自己劳苦自己呢？"萧德言回答说："经书是先圣流传下来的言教，面对先圣宝贵的言教，怎么可以惧怕劳苦呢？"

后来皇上闻知，赏识德言如此恭敬慎重的美德，便下诏书，命萧德言以经书教诲开导晋王，并封他为武阳县侯。萧德言终身荣贵，安享天年，直至九十七岁高龄去世，谥号为博。

萧德言曾经参与编撰《群书治要》，现在这本书，已经流通到全世界。他之所以能编撰出这样流传百世的经典，无不是因他的恭敬之心而得以成就的。

一个人对经典能够恭敬，就能够得福。但是我们现在人对经典书籍往往不懂得爱护。现在看到图书馆很多书都被翻得很烂，这都是不懂得珍惜书籍。如果我们从小不懂得珍惜书籍，对经典对书籍没有恭敬之心，那你学习就不会有恭敬心，没有恭敬心，学习就很难受益。小时候我们得到书很不容易，经常把这个书包一层书皮，就是希望这本书保存得好一点。这就是对书的恭敬。

养成敬惜字纸的习惯

下面我们再讲一点，养成敬惜字纸的习惯。过去读书人都特别懂得敬惜字纸。字纸就是写着字的纸，特别的尊重爱惜，不能把它和一般的垃圾丢在一起，或者把它跟其他杂物混在一起，这都是表示对汉字的恭敬。

在古代，人们常把这些有字的纸放在一起，最后收集在一起之后，焚烧成灰，而且把这个灰送到大江大海里面，所以在过去有专门焚烧字纸的"惜字塔",而且有专门收集废纸废书并加以焚化的"惜字会"。在清朝的时候,有大量的"惜字律","惜字"的文章,劝人敬惜字纸。各类佛经以至笔记小说都有劝谕敬惜字纸的故事。

当代的大德净空法师也在讲经中开示:关于敬惜文字纸,古人有惜字会,古人每见到字纸都要捡起,放在安全的地点,不叫别人踏上去,而我们现在到处有广告,到处有文字,甚至于马路上写的也是字,人们随手乱丢、随便乱踩,这都是造罪,文字是光明,是教你开智慧,你反而踏于脚底下,失去光明,失去智慧,造下罪过你还不知道,老天爷看见你太愚痴了,果报是减你的福报,减你的智慧,减你的财富。

所以古人对我们特别慈悲,教导我们要懂得敬惜字纸,你对文字的爱惜,像爱惜生命,爱惜人民币一样,你可以试一下,你真正这样做,就这样坚持一年,那你的智慧、健康都会更好。

所以我们现在尤其是读书人、学生要懂得重视文字,尤其是我们的汉字,这是世界上最有智慧的一种文字,是我们中华文化的根本。文化是靠文字传承的,对文字的珍惜、爱惜,就是对老祖宗的珍惜,对古人智慧的珍惜。我们能够这样做,就能够获很大的福。

我们讲一个故事。过去泰州有一个人叫钱驼子,开了一家杂货店。向来不信敬惜字纸,店铺生意也很冷清。他生了一个儿子,十分聪明,后来入了学堂。从高小到初中到大学,也是不懂得珍惜字纸。大概是因为有什么样的父亲,就有什么样的儿子,他的儿子遇到经书典籍,总是随意涂抹。白天拿来垫坐,晚上用来当枕头,毫无忌惮。后来他的儿子,大学没有毕业,一次坐船遇风，船翻淹死了。钱驼子悲伤痛苦，昏过去了，昏迷中见到儿子在跟前对他说："我的父亲不知道敬惜字纸，又不懂得教儿子，我因为不惜字纸所以寿命绝了，因此淹死了，希望父亲您要痛改前非，否则也不会有好结果啊。"说完，他儿子就不见了。钱驼子醒来后就将这番话讲给人听，从那以后，他就特别敬惜字纸，收买字纸，然后焚化。过了五六年，他又生了一个儿子，但是是个哑巴。钱驼子又印送了惜字书万卷，这个儿子突然会说话了。钱驼子于是发愿终身惜字，后来他的店铺生意也越来越好。

通过这个故事，可见敬惜字纸能够得福。我看到，在网上曾经有一些志士仁人发布了一个倡议书，叫《敬惜字纸倡议书》，里面就讲道："汉字是我们中华民族之魂，我们中华民族能够传承五千年，就是因为有汉字，汉字的每一点每一撇每一捺里面都含着哲理和智慧，我们懂得敬惜汉字，就是敬惜祖先，就是在传承文明。"

我们尊重汉字，就是尊重祖宗，古代有很多"惜字训"，就是说的这个道理。

你能珍惜汉字，你就能得聪明智慧，得福报。我们学了之后要从自己开始做起，对书籍要懂得珍惜，要懂得保护，而且要懂得劝周围的同学、周围的朋友，都要懂得珍惜。你有这样一种真诚恭敬心，自然学习能够受益，能够让自己增加福慧。

经典链接：劝读《敬惜字纸文》

我们下面来学习两篇文章，一篇叫作《敬惜字纸文》，一篇是印光法师的《普劝敬惜字纸及尊敬经书说》。

我们先来看《敬惜字纸文》。

"奉劝世人，读书须用功，一字值千金。欲高门户须读书，书中字字受敬重，敬字纸即敬贤也。"

意思是奉劝世间人读书一定要努力。古人讲一字千金，这个字的价值太宝贵了，圣贤靠什么传承，就是靠文字，要想自己家风家道能够传得远，希望自己家里兴旺一定要读书，读书就一定要敬重书里的每一个字，敬重字纸就是敬重圣贤。

"字乃圣贤之面目，亦天下之大宝也。登科及第凭文字，官员宰相从字文。千里之遥，付数言可以相通。万古业产，皆赖字迹以为据。"

字是圣贤的面目，圣贤不在人世了。我们看到圣贤经典，就如同见到圣贤，这些经典的教诲就是用文字传承下来的，这是天下的法宝。学生考试要依靠文字，官员推行政令，也要依靠文字，如果没有文字，我们就无法生活了。人类跟其他的动物不同，就是人类有文字，其他的动物都没有。几千里的路，用几句话就可以互相沟通，家里产业的继承也完全要靠文字为依据。

"但看世人文字衰者，家必败也。文字盛者，家必兴也。"

你看世间人，这个家里，如果没有读书人，这个家一定会衰，不懂得敬惜字纸，这个家一定会衰败，家里读书人多，注重学习圣贤教诲，这个家就必兴旺。

"若遵先王之道，畏圣人之言，须要敬惜字纸，则近报于己身，增福添寿。远报在儿孙，贵显官荣。"

如果遵行古圣先王的教诲，敬畏圣人讲的这些话，历代圣贤的教诲，都在文字当中，都是用文字传下来的，所以我们一定要敬惜字纸，这个果报，近的是你自己能够得福添寿，远的就是你儿孙能够发达富贵。

"凡一切字纸，珍重勿亵。字纸不可糊窗包物，不可点灯吃烟，若见字纸在地，务要收拾以火焚化，或洗于河内，或埋于土中。"

见到一切有字的纸张，要尊重不能够懈怠，不能拿它来包东西。不能点灯抽烟，如果字纸在地上，要把它收拾起来，把它烧掉，或者倒入河中，或者埋在土里。

下面举了两个例子。

"杨全善埋字纸，而五世登科。李子材葬字纸，而一身显荣。帝君书云，篇篇教人存心积德，句句劝人敬字重文，则子孙显大门户，功德无量矣。"

这个帝君是文昌帝君，天天教人要敬重文字，要知道文字是我们文化得以传承的根本，没有文字，文明无法传承，所以你敬重文字，就是敬重圣贤，敬重祖宗，你这样就能得到大福，子孙就能光大，你的功德无量。

下面我们再看印光法师《普劝敬惜字纸及尊敬经书说》：

"人生世间，所资以成德达才，建功立业，以及一才一艺，养活身家者，皆由文字主持之力，而得成就。"

这是讲我们在世间，要成就德业，建功立业，我们要有知识有道德学问，要成就事业，现在我们学一门才艺，能养活家里，都要靠文字主持之力，就是说一定离不开文字，有文字才能够有成就。我们处处离不开文字，所以对文字要有恭敬之心。

"字为世间至宝，能使凡者圣，愚者智，贫贱者富贵，疾病者康宁。"

文字是世间的至宝，能让凡夫变成圣人，要听圣人的教诲。圣人的教诲，就是通过文字传下来，能够让愚笨的人变成智慧的人，贫贱的人变成富贵的人，都是靠文字，让疾病的人，变成康宁的人，也要靠文字。医生开药方都要写字。

"圣贤道脉，得之于千古，身家经营，遗之于子孙，莫不仗字之力。使世无字，则一切事理，皆不成立，而人与禽兽无异矣。"

圣贤之道的传承，能够传承千古，一个家业能够经营，能够留传给子孙都要靠文字，没有文字什么事我们都不能传。人跟禽兽之所以有区别，就在于人类有文字，人类有文明。

"既有如是功力，固宜珍重爱惜。窃见今人任意亵污，是直以至宝等粪土耳，能不现生折福折寿，来生无知无识乎哉。"

文字对我们有这么大的功德，这么大的帮助，一定要懂得尊重爱惜，现在的人对文字随意亵渎，甚至把文字当粪土一样看，甚至过去我们有很多人都用字纸来做卫生纸，这是造很大的罪，这样会折福折寿，来生就没有智慧。

"又不但有形之字，不可亵污遗弃，而无形之字，更不可亵污遗弃。孝，悌，忠，信，礼，义，廉，耻，若不持之躬行，则成亡八字矣。八字既亡，则生为衣冠禽兽，死堕三途恶道，可不哀哉。"

不仅是有形的文字，我们要尊重不能亵渎，无形的文字更不能亵渎，无形的文字，是我们所讲的德行、圣人讲的伦理道德，更不能懈怠，这是八德。如果不能够躬行那就是成了忘八端，就是你忘了孝悌忠信礼义廉耻的做人之道，这叫忘八端，你忘了这八条，那你跟禽兽没有两样，死了之后一定堕入三途恶道，太悲惨了。

"字为世间至宝，非金、银、珠、玉、爵位可比。以金、银、珠、玉、爵位，皆由字而得，使世无字，则金、银、珠、玉、爵位，亦无由而得矣。"

这是世间的至宝，没有比这个宝更重要的，以前的人认为黄金、银子、珠玉这是世间的财富，还有爵位，这些都很贵重。不能比，因为这些金银珠宝爵位都要靠文字才能得到。一定要有文字，没有文字你怎么能得到？你的钱从银行取出来，也要靠文字记载，如果世间没有文字的话这些都不能得到。

"字之恩德，说不能尽。敬惜书字，福报甚大。宋朝王文正公之父，极其敬惜字纸。后梦孔夫子以手按其背曰，汝何惜吾字之勤也，当令曾参来汝家受生，显大门户。后生子因名王曾，连中三元，为名宰相。殁后谥文正公，封沂国公。后世凡科甲连绵，子孙贤善者，悉由先世敬惜书籍，及与字纸中来。"

这是讲宋朝王文正公的父亲，王文正公是宋朝的宰相，他父亲对字纸特别珍惜，后来他梦到孔夫子，把手按到他的背上，说你这么珍惜字纸，我要曾参来你们家投生，显大你们家的门户，因此这个儿子名字叫王曾，三次考试都考中。后来做了宋朝的宰相。死后谥号为文正公。古代时，只有道德学问非常高，才能谥号封为文正。一个家族后代能够考中科甲，子孙能够贤德，往往是因为先人珍惜书籍、珍惜字纸。

"近世欧风东渐，不但普通人不知敬惜书籍字纸，即读书儒士，亦不恭敬书籍，及与字纸。或置书于坐褥，或以书作枕头。或大怒而掷书于地，或抽解而犹看诗书。不但大小便后，概不洗手，即夜与妇宿，晨起读书，亦不洗手。每每以字纸揩拭器物，犹以敬惜为名而焚化之。"

近代由于受到西方欧洲价值观的影响，普通人不懂得珍惜字纸。即使是读书人，对书籍也不恭敬，或者把书放在座位上坐，或者是把书作枕头，或者是一发怒就把书扔在地上，甚至上厕所的时候，还在看书，而且大小便之后不洗手就拿书来读，甚至跟妻子夜睡之后早上读书也不洗手，还拿这个有字的纸，揩拭物品。这些都是对字纸的不恭敬。不恭敬会造很大的罪。

"故致普通人无所取法，而垃圾里，毛厕中，街头巷尾，无处不是字纸遍地。舟车行人，每以报纸铺坐处。出外妇女，率用报纸包鞋袜。种种亵渎，不堪枚举。"

我们自己也需反省，我们过去也受很大影响，常常做这些事，没有人教我们，如果不是今天讲这个敬惜字文，以前还不知道，在垃圾里面、茅厕里面、街头巷尾到处都是字纸遍地，你看我们现在在路上很多人拿报纸铺坐，甚至妇女拿报纸包鞋袜，种种亵渎数都数不清，现在社会确定如此，这样就不会有好的结果。

"以故天灾人祸，相继降作，皆由亵渎天地间之至宝所致。"

为什么有天灾人祸，就是因为我们对天地间这个至宝不懂得尊重，对文字不懂得尊重。

"不知此字纸中，皆有天地日月之字，圣贤经书之文。以此种至极尊贵之物，视同粪土，能不折福寿而现受其殃，贻子孙以愚劣之报乎。"

你不懂得珍惜字纸，要知道字迹当中，有天地日月，有圣贤经书，这是最珍贵的，你把它视为粪土，怎么能够不折福呢？而且会让你的子孙愚笨。

"吾师前文，已包括其大致。犹恐举一而不悉反三，故又择其人所易忽者重言之。以期有心世道之人，辗转劝化，同皆敬惜书字。则富寿康宁，现身获箕畴之五福。聪明睿智，后裔纳伊训之百祥矣。"

这是讲我们一定要懂得敬惜字纸，前面讲的这些在我们生活当中遇到的比较多，常常这样做。看了这个文章，要懂得反省，真正要从生活当中，改过来，对字纸要尊重。辗转劝化大家都要敬惜字纸，那就能够得到福寿康宁。五福是长寿、富贵、康宁、修好德和善终，你能够得到这五福。聪明睿知，这是讲你能够敬重字纸，你会有智慧。后裔就是你的后人，能够得到伊训之百祥。《尚书》里面讲，"作善降之百祥，作不善降之百殃"。你珍惜字纸就是做善，你做善，你就会得到吉祥，不仅要珍惜字纸，我们生活当中，一切的事物都要敬重。我们讲的诚敬心对人，就是对人的恭敬，不仅是对父母老师恭敬，对所有人都要恭敬，对物呢？也是要有恭敬心，对物的恭敬，不是说给它鞠躬，对物品保持清洁，就是对物的恭敬，对事情恭敬，就是把这个事情做好，这是恭敬心。

改变一生的诚敬格言

下面我们讲一些格言。

第一条是《周易》里的："君子敬以直内，义以方外，敬义立而德不孤。"

这是讲君子内有恭敬之心，用恭敬心让我们心直，就是我们的心是真心，古人讲直心是道场，就是他的心没有弯曲。内心恭敬，他的行为就会符合义，一个人有恭敬有道义，他就会有德，有德行的人他会感召你。《论语》里讲，你有德行，你不用担心没有人和你交往。你有德行一定能够影响他人，有德行同道之人就会在你身边。

第二条出自《六韬》："敬胜怠者昌，怠胜敬者亡。"

这是讲一个人恭敬胜过怠慢之心，就是他处世能够恭敬，对人和物无不恭敬，就能够昌盛，命运好，事业也好，身体健康。如果凡事没有恭敬心、怠慢，你就会折寿，事业会败，身体会有疾病，所以恭敬对我们人生太重要了。

第三条是宋朝程子的话："敬胜百邪。"

恭敬心能战胜各种邪念，我们之所以会做恶事，就是我们有邪念，就是我们没有恭敬心，你恭敬心一生起，邪念就没有了。

第四条是《礼记》里的："曲礼曰：毋不敬。"

礼的根本就是敬，"毋不敬"，是对一切人和事物都要充满恭敬之心。当代的大德净空法师也讲："诚与敬，千古相传之学，不越乎此。"自古以来读书人有成就，就是靠这个，这两个字没有，你不可能有成就。印光大师讲一分诚敬得一分利益，十分诚敬得十分利益。你没有诚敬就没有利益。

> **延伸阅读：**
>
> 《六韬》又称《太公六韬》、《太公兵法》，是中国古代的一部著名兵书。相传是姜望即姜太公吕望所做，全书共六卷，六十篇。《六韬》的内容非常广泛，对有关战争等各方面的问题，几乎都涉及到了，最精彩的部分是它的战略论和战术论。
>
> 《礼记》是战国至秦汉时期儒家学者解释说明经书《仪礼》的文章选集，是儒家思想的一部资料汇编，又叫《小戴礼记》，与《周礼》《仪礼》合称"三礼"。《礼记》作者不止一人，写作时间也有先后，其中多数篇章可能是孔子的七十二名高徒弟子及其学生们的作品，还兼收先秦的其他典籍。

最后一条是孟子讲的："**爱人者人恒爱之,敬人者人恒敬之。**"

你对人用爱心,人家会用爱心对你,你对人有恭敬心,人家会用恭敬心对你,你有恭敬心,你就一定能够得到福寿康宁得到福报,人生命运就会吉祥。

附录：推荐青少年朋友看的书籍和电视剧

书　籍：

1.《弟子规》　推荐阅读《细讲弟子规》（蔡礼旭老师主讲）、《钟博士讲解弟子规》（钟茂森博士讲述）

2.三字经　推荐阅读《三字经研读》（徐醒民教授主讲）

3.《言文对照小学集注》

4.《言文对照古文观止》

5.《德育课本》（蔡振绅编）

6.《孝经》　推荐阅读《钟博士简讲孝经》

7.《母慈子孝》

8.《养正遗规》　清朝陈宏谋编

9.《了凡四训》

10.《太上感应篇》

电视剧

1.《中华德育故事》　东联动漫出品

2.《孔子》（1991版）

3.《恰同学少年》

4.《了凡四训》

5.《俞静意公遇灶神记》

6.《鉴真东渡》

中华文化讲堂系列图书

序号	书名	著者	定价
"治要"系列			
1	《群书治要》考译	（唐）魏徵等	298.00
2	《群书治要》译注（全二十八册）	（唐）魏徵等	420.00
3	《群书治要》译注（精装全十册）	（唐）魏徵等	980.00
4	《群书治要》译注（简体全十册）	（唐）魏徵等	420.00
5	群书治要（原文版）	（唐）魏徵等	128.00
6	《群书治要》360	（唐）魏徵等	15.00
7	品读《群书治要》	刘余莉	32.00
8	《群书治要》心得	萧祥剑	32.00
9	《群书治要》五十讲	萧祥剑	49.80
10	国学治要（全八册）	张文治	320.00
11	群书治要菁华录（全三册）	（唐）魏徵等	98.00
12	古镜今鉴：《群书治要》故事选	（唐）魏徵等	29.80
13	建国君民，教学为先：《群书治要》的启示	刘余莉等	25.00
14	群书治要360（正体字版）（Ⅰ、Ⅱ）	（唐）魏徵等	60.00
王凤仪伦理思想系列			
1	王凤仪讲人生	王凤仪	32.00
2	王凤仪诚明录	王凤仪	29.80
3	王凤仪嘉言录	王凤仪	29.80
4	王凤仪言行录	王凤仪	29.80
5	王凤仪笃行录	王凤仪	29.80
6	来自山沟的大智慧(全二册)	以志	58.00
7	王凤仪年谱与语录(全二册)	王凤仪	48.00
8	王凤仪性理讲病录	王凤仪	29.80
9	家和万事兴	王元五	29.80
10	家和万事兴Ⅱ：伦理道德与幸福人生	王元五	25.00
11	来自山沟的大智慧（精装版）	以志	58.00

钟茂森儒释道经典讲座系列

1	《孝经》研习报告	钟茂森	29.80
2	《朱子治家格言》研习报告	钟茂森	25.00
3	《弟子规》研习报告	钟茂森	18.00
4	《太上感应篇》研习报告	钟茂森	18.00
5	《十善业道经》研习报告	钟茂森	18.00
6	找寻中国精神	钟茂森	25.00
7	《了凡四训》研习报告	钟茂森	25.00
8	细讲《大学》	钟茂森	25.00
9	钟博士讲解《弟子规》	钟茂森	22.00
10	钟博士简讲《孝经》	钟茂森	22.00
11	细讲《论语》（Ⅰ、Ⅱ）	钟茂森	23.80
12	窈窕淑女的标准	钟茂森	29.80
13	中国精神	钟茂森	10.00
14	《文昌帝君阴骘文》讲记	钟茂森	108.00
15	母慈子孝	钟茂森	19.80
16	赵良玉钟茂森母子讲演录全二册	赵良玉 钟茂森	16.00
17	《论语》讲记（全九册）	钟茂森	360.00

女德教育系列

1	女四书·女孝经	（清）王相	18.00
2	女子德育课本	蔡振绅	18.00
3	窈窕淑女的标准	钟茂森	29.80
4	《女四书》白话解	沈朱坤	15.00
5	齐家治国 女德为要	陈静瑜	26.00
6	《女四书·女孝经》译注	（清）王相	26.00
7	《教女遗规》译注	（清）陈宏谋	32.00
8	教子·要言	（清）郭家珍	18.00

童蒙养正系列

1	五种遗规	（清）陈宏谋	58.00

2	民国老课本（全五册）	沈颐、戴克敦等	75.00
3	《养正遗规》译注	（清）陈宏谋	32.00
4	《弟子规》图说	（清）李毓秀	6.00
5	德育课本（全四册）	蔡振绅	128.00
6	言文对照小学集注	（宋）朱熹	32.00
7	民国小学生作文文库（全八册）	蔡元培等	240.00
8	民国老作文：全国学生国文成绩新文库	蔡元培等	120.00
9	常礼举要讲记	徐醒民	20.00
10	澄衷蒙学堂字课图说（全八册）	刘树屏	240.00
11	福田心耕—青少年要上的十二堂国学课	蔡礼旭	15.00
12	为你自己读书 II	肖卫	26.80

深入经藏系列

1	《阿弥陀经》白话解释	黄智海	20.00
2	《观无量寿佛经》白话解释	黄智海	20.00
3	《普贤行愿品》白话解释	黄智海	20.00
4	《心经·金刚经》白话解释	黄智海等	20.00
5	《无量寿经》白话易解	净空法师	20.00
6	《地藏菩萨本愿经》白话解释	胡维铨	20.00
7	改过修善、惜福积福——《太上感应篇》讲记	净空法师	26.00
8	改造命运、心想事成——《了凡四训》讲记	净空法师	26.00
9	印光法师文钞全集	印光法师	168.00
10	感应篇汇编	印光法师鉴定	68.00
11	安士全书	周安士	68.00
12	《佛说阿弥陀经要解》讲记	净空法师	30.00
13	《六祖坛经》讲记	净空法师	30.00
14	《地藏菩萨本愿经》讲记	净空法师	30.00
15	《阿难问事佛吉凶经》讲记	净空法师	30.00
16	《无量寿经菁华》讲记	净空法师	30.00
17	《十善业道经》讲记	净空法师	30.00

18	《发起菩萨殊胜志乐经》讲记	净空法师	30.00
19	《金刚经》讲记	净空法师	30.00

国学经典系列

1	张居正讲《大学 中庸》	（明）张居正	24.00
2	张居正讲《论语》	（明）张居正	32.00
3	张居正讲《孟子》	（明）张居正	42.00
4	读易简说、儒学简说	徐醒民	32.00
5	悦心集	（清）雍正	29.80
6	《论语》讲要	李炳南	36.00
7	文白对照曾国藩家书全编（全四册）	（清）曾国藩	198.00
8	言文对照《古文观止》	宋晶如	48.00
9	曾文正公全集（全二十三册）	（清）曾国藩	698.00
10	中华传世经典藏书（第一辑）全十册	王应麟等	100.00
11	纳兰词笺	（清）纳兰性德	29.80
12	曾文正公家书（正体竖排）	（清）曾国藩	78.00

其他系列

1	《中华文化大讲堂》（第一、二、三辑）	诚敬和	32.00
2	企业人的道德修养	慧祥	25.00
3	人生宝典：了凡四训、俞净意公遇灶神记、心相篇、保富法、王凤仪嘉言表	和谐	29.80
4	曾国藩传	蒋星德	29.80
5	家和宝典	刘光启	29.80
6	踏对人生的脚步	蔡礼旭	25.00
7	建立理智的人生观	蔡礼旭	22.00
8	老人言	净空法师	29.80
9	民间国学手抄本	周本寿	29.80

联系方式

电　话：010 — 65407420　13911578809　　网　址：www.zhwhdjt.com

（"中华文化讲堂系列丛书"编辑工作组诚邀广大热爱传统文化的同仁加入，从事编辑、设计的工作，欢迎有志者发送个人简历至电子邮箱：bjcgwx@aliyun.com）